Schriftenreihe zum Wintersport 33

Herausgegeben von SPORTS in Kooperation mit alpenstille

Reinhard Bräuer

Skilehrplan Sports – Band 3
„Kinderleicht" Skifahren lernen

Programm Kinder- und Jugendskilauf

Besser lernen – spielend und immer mit Zuwendung

Vorwort	6
Einführung des Verfassers	8

1. Pädagogische Ausrichtung — 10

Ziele und Methoden – ein Überblick von Dr. Walter Kuchler	11
Weitere pädagogische Grundlagen und ein Verhaltensset	12
Die „Kinder-Schneewelt", für unsere Kleinsten: Wie wird das Skifahren „kinderleicht"?	14
Was macht eine/n gute/n Skilehrer*in aus?	16

2. Leitvorstellungen – Funktionelles Skifahren — 18

Verschiedene Technische Leitbilder, Neuorientierung Carving	19
Fahre ich die „richtige" Technik	20
Funktionelles Skifahren – Funktionelles Skifahren beim Kinderskilauf	22
Die höhere Zielsetzung – verschiedene Leitbilder	25

3. Wie lernen Kinder – Mit Kindern ist es anders — 28

Das Kind ist anders – ein Überblick	29
Ab wann kann ein Kind in den Skikurs	30
Die Entwicklungsstufen – 3 bis 15 Jahre	32

4. Einsteigermodelle – der erste Skitag — 42

Überblick zweier Einsteiger-Modelle	43
Der klassische Weg über den Pflugbogen – der Kinderpark	44
Pflug – Technikbeschreibung	49
Die direkte Methode – das SPORTS-Anfängerkonzept ohne Pflugbogen	50
Die „richtige" Skilänge – eine gute Ausrüstung	54
Zusammenfassung zum Lernkonzept „Direkte Methode"	57

5. Lernprogramm ab dem 2. Skitag; Spielschwünge – eingebettet in Lernsituationen — 60

Grundsätzliches: Lernsituationen, Spielschwünge, Basiskompetenzen	61
Bildhafte Vorstellung – Lernen über Spielschwünge	62
Tabellarische Methodik – Übersicht – eine Wochenübersicht	67
Konkrete Beispiele für Lernsituationen	68
Weitere Lernsituationen, besonders für Jugendliche	75
Förderung von elementaren Fähigkeiten	76

6. Lernen über Bewegungsaufgaben eingebettet in Bewegungsgeschichten — 78

Die spielende Welt	78
Themenvorschläge	79

7. Ski- Schüler*innen mit Besonderheiten und Handicaps — 84

Schüler mit Besonderheiten – Beispiele für Handicaps — 85
Ein grundsätzlicher Umgang — 86
Umgang bei überempfindlichem Stresssystem — 86
Umgang bei Hyperaktivität / ADS — 86
Umgang bei motorischer Entwicklungsverzögerung — 87

ANHANG

Übersicht Skitechnik „universell" bei SPORTS — 88

Praxisthemen — 90

Ein Bildprotokoll – Direkte Methode — 90
Schussfahren – alles im richtigen Gelände — 91
Die erste Kurve fahren — 93
Die erste Liftfahrt – mit einem Tellerlift — 97
Notstopp – Notsturz — 97
Die ersten Fahrspiele — 98
Vom ersten Tag an Slalomfahren — 99

Sicherheit, Tipps — 102

Sicherheitsförderung im Schulsport, Erlass aus NRW 2020 — 102
Die goldenen Kinderskiregeln für den Skikurs — 106
Pistenregeln – FIS Regeln — 112
Sicherheitsregeln Carving von SPORTS — 113

Weitere Beiträge – zur Methodik/Didaktik — 114

Wie wichtig ist die Pflugstütze für Kinder? — 114
Mit oder ohne Stöcke? — 117
Alternative Tiefschnee-Einführung, für Jugendliche und Erwachsene — 121
Beispielhafte Strukturpläne: Kann-Liste – Mein Wochenplan „Ich kann Skifahren" — 122
Beispielhafte Wochenpläne — 124
Optimale Skipräparation by alpenstille — 126

Literatur — 129
Autorenbeschreibung — 130

VORWORT

Endlich wieder ein Kinder- und Jugendskilehrplan! Reinhard Bräuer hat die Unterrichtsmaterialien, die er seit Jahren für die Kinder- und Jugendskilehrerkurse bei SPORTS entwickelte hierfür systematisiert und zusammengeführt. Die eher stiefmütterliche Behandlung des Kinder- und Jugendskiunterrichts in den letzten Jahrzehnten ist eigentlich kaum nachzuvollziehen, ist er doch das Hauptbetätigungsfeld der alpenländischen Skischulen.

Kinder- und Jugendskilauf hat bei SPORTS – allerdings zumeist auf den Schulskilauf zugespitzt – eine wichtige Bedeutung für das SPORTS-Selbstverständnis. So hat Walter Kuchler bereits 1981 im Beitrag „Vom Gängelband zur Selbsterfahrung" das Ziel der Selbständigkeit des Skischülers und sein individuelles Lernen als durchgängige Prinzipien des Unterrichtens herausgestellt. Auch der Gedanke unseres Freundes Hans Zehetmayer, die Ski als Werkzeuge aufzufassen und sein Plädoyer für das funktionale Skilaufen sind in das Buch prägend eingeflossen.

Ganz konsequent stellt Reinhard Bräuer die Lernarena Kinderpark heraus, die eine Vielzahl von Lernsituationen bieten, individuelles Lerntempo ermöglichen und die Selbstständigkeit fördern. Bewegungsgeschichten motivieren und schaffen ein lebendiges Bewegungsbild. Das Lernen in vielfältigen Anwendungssituationen vom Park bis in den Tiefschnee wird dann konsequent fortgesetzt.

Die Nutzung modernen Skigeräts, das Lernen mit erleichternden Kurzski ist beispielhaft in das Unterrichtskonzept integriert.

Noch längst nicht selbstverständlich ist Skiunterricht und Kursintegration von Kindern mit Behinderung. Das Buch liefert dafür eine hilfreiche Einführung.

Reinhard Bräuer schaut über den Pistenrand hinaus, die guten Ansätze aus anderen Verbänden wie „Schneesport Schweiz" hat er sowohl in den Ausbildungskursen als auch ins Buch eingebracht.

So ist es Reinhard Bräuer gelungen, das Unterrichtsgeschehen miterleben zu lassen. Dieses Skibuch liefert die fachlichen Voraussetzungen, mit denen Sie souverän ihre Kinder- und Jugendskikurse gestalten und unterrichten. Und die Kinder zu souveränem Skifahren zu befähigen bleibt so nicht bloß ein wünschenswertes Ziel.

Hubert Fehr

Unsere ausgebildeten „Kinder- und Jugendskilehrer"

DANKE

Der Dank für die über zehnjährige Entwicklung unseres Programms zum „Kinder- und Jugendskilehrer" gilt unseren langjährigen Ausbildern, die maßgeblich unser Programm beeinflusst haben:

Insbesondere Uwe Kühn (Göppingen), Armin Vogel (alpenstille-Rösrath), Dominique Gruber (St. Niklaus/Grächen) und zu unserer Anfangszeit auch Sepp Bürcher (Riederalp), Hannes Hubli (Oberiberg) sowie Saskia Groos (Achensee).

Wesentlich für die Entwicklung unseres Ausbildungsprogramms ist die herausragende Möglichkeit, sich innerhalb von SPORTS e. V. mit der Entwicklung von Programmen beschäftigen zu können.

Maßgeblich geht hier der Dank an Dr. Walter Kuchler. Seit fast vierzig Jahren gibt es für mich diese gewinnbringende Verbindung mit unzähligen Fortbildungen, gestartet zu Beginn der achtziger Jahre an der Universität Dortmund. Aus diesem Erfahrungsschatz ist die Erkenntnis gewachsen, dass Skilaufen dann eine Kunst ist, wenn man uns bewegen lässt, wenn man uns ermuntert, die Freude zu zeigen.

Reinhard Bräuer

Unser Ski-Ausbildungsteam Pitztal Oktober 2019

EINLEITUNG

Bei SPORTS e. V. befassen wir uns in unserem Förderkreis SPORTSnachwuchs mit zeitgemäßen Lernkonzepten, die insbesondere unseren Nachwuchs betreffen. Dabei sprechen wir nicht nur jüngere Skifahrer und Snowboarder an. Über unser Selbstverständnis – „jede Altersgruppe bedarf des Nachwuchses" – prägen wir eine altersunabhängige Offenheit. Natürlich sind Kinder bei uns besonders willkommen.

Wir wollen Kinder mit viel Freude an den Schneesport heranführen. Zum Förderkonzept gehört unsere Ausbildung zum „Kinder- und Jugendskilehrer". Der Einbezug „Kinder" und „Jugendliche" im Titel der Ausbildung und in unserem Praxishandbuch soll die Vielfalt der notwendigen didaktischen und methodischen Aspekte herausstellen, denn z. B. lernen kleine Kinder anders als Jugendliche.

Bei unseren Diskussionen über unser Programm zum „Kinderleicht Skifahren lernen" haben wir uns immer wieder die Frage gestellt, welche Hilfen wir angehenden Skilehrer*innen für den Praxiseinsatz geben können. Oft beobachten wir, dass in den ersten Jahren der Tätigkeit als Skilehrer*in lehrerzentrierter Unterricht und verbale technische Vorgaben stark betont werden oder ein eher offener Unterricht zu einer Art Beliebigkeit führen kann. Wie können wir hier den angehenden Skilehrern*innen besser helfen?

Mit dieser Fragestellung haben wir uns näher beschäftigt – vgl. den Aufsatz im Skimanual 2017/2018: „Unterrichten zwischen Beliebigkeit und starren Mustern."

In unserer Ausbildung schauen wir über den „Pistenrand". Das ist ein wesentliches Merkmal der SPORTS-Konzeption. Wir schauen uns andere Wege verschiedener Verbände an. Durch diese Anregungen wollen wir uns ständig weiterentwickeln. Das Verharren in oft über viele Jahre vorgegebenen Lernwegen wollen wir vermeiden.

Wir beziehen die verschiedenen Lernwege in unser Programm mit ein und sind ständig dabei, unseren Teilnehmer*innen eine praxisnahe Konzeption näher zu bringen und damit eine eigene Linie umzusetzen.

In unserer Ausbildung implizieren wir das Lernen in ein System von Lernsituationen, in denen die Förderung von elementaren Fähigkeiten einen starken Platz einnimmt. Unser Ausbildungskonzept umfasst folgende Strukturen.

- **Lernen über Lernsituationen**
  Das Ziel der Variabilität soll dabei verstärkt werden, um die traditionellen methodischen Reihen nicht im Vordergrund stehen zu lassen. Bei einer methodischen Reihe wird die Abfolge von Übungen mit ansteigendem Schwierigkeitsgrad vom Lehrer vorgegeben. Variationen und Differenzierungen können dadurch erschwert werden, weil meist von der strikten Reihe nicht abgewichen wird.

- **Lernen unter Berücksichtigung der Entwicklungsstufen**
  Kinder und Jugendliche entwickeln sich unterschiedlich, sie lernen entsprechend der Entwicklung anders und individuell.

- **Wir „schauen über den Pistenrand"**

  Wir nutzen die unterschiedlichen Erfahrungen und Konzeptionen aus verschiedenen Verbänden/Ländern.

- **Grundlage für ein Lernkonzept ist pädagogisches Handeln**

  Insbesondere Achtung, Annahme, Aufmerksamkeit und Zuwendung prägen pädagogisches Vorgehen.

- **Wir legen Wert auf eine systematische Unterrichtsvorbereitung;**

  Tagespläne und Wochenpläne ermöglichen, dass das Unterrichten nicht zu einer Beliebigkeit wird.

In unserem Praxishandbuch „Kinderleicht Skifahren lernen" findet sich eine Sammlung von Lernsituationen mit einer Vielzahl von Übungen und Aufgabenbeschreibungen.

Alle sind bei uns „Herzlich Willkommen". Gerne tauschen wir uns mit vielen Experten im Dialog aus.

Kapitel 1
Pädagogische Ausrichtung

**Die Förderung des Lernens –
die Basis unseres Handelns**

- Allgemeingültige Ziele und Methoden
  – ein Überblick von Dr. Walter Kuchler

- Weitere pädagogische Grundlagen
  – ein Verhaltensset

- Die „Kinder-Schneewelt" – für unsere Kleinsten
  Wie wird das Skifahren "kinderleicht"?

- Was macht eine/n gute/n Skilehrer*in aus, eine Checkliste

Allgemeingültige Prinzipien – gelten auch für "gute Skilehrer*innen":

„Kinder lernen viel durch ein Miteinander sowie durch ein Voneinander."

„Alles sehen – vieles übersehen – das Wesentliche ansprechen"

„Niemanden schädigen"

Stillstand oder Weiterentwicklung?

Nach Albert Einstein:
„Die pure Form des Wahnsinns ist es, alles beim Alten zu belassen und zu hoffen, dass es sich bessert."

Pädagogische Ziele und Methoden – ein Überblick*

*Aus Walter Kuchler, „Diskussionspapier an Schweizer Vorstellungen...", Grundlage für den SPORTS-Lehrplan 2021

- **Herausarbeiten des Körpergefühls und des Körperschemas**
  Beispiele für Methoden:
  Systematische Vermittlung und Ansprechen anatomischer Grundlagen wie Körperpositionen, Körperlagen sowie von möglichen Empfindungen und Wahrnehmungen

- **Vermittlung von allgemeiner Freude, Bewegungslust – und dem entsprechenden Ausdrucksvermögen**
  Beispiele für Methoden:
  Gefühlsübertragung, Gefühlsstimulationen, Gefühlsabfragen, metaphorische Aufgabenstellungen wie „Ich bin ein Clown", „Ich fahre wie ein Wiesel"

- **Bewegungsgefühle höherer Ebenen stimulieren, pflegen und kultivieren**
  Beispiele für Methoden:
  Ich-Gefühl, Glücksgefühle, exzessive/orgastische Gefühle, ozeanische Gefühle, Wir-Gefühle

- **Vermittlung von Selbstsicherheit**
  Beispiele für Methoden:
  Lob, gezieltes Reinforcement (bestärkendes Lernen), aufmerksame persönliche Zuwendung, Trost, Bestätigung von Erfolg, nichtüberfordernde Übungen, Vermittlung von Parametern des Könnens und positiven Einordnungen

- **Gewinn von Identität**
  Beispiele für Methoden:
  Viele wie oben bei Selbstsicherheit, besonders aber das Herausstellen des ganz persönlichen Könnens und der besonderen Rolle in der Gruppe, Betonung des persönlichen Fahrstils, Festhalten besonderer Lernerfolge (Ereigniskarte)

- **Vorantreiben der Sozialisation**
  Beispiele für Methoden:
  Partneraufgaben, Spiele, Helferaufgaben, eigenverantwortliche Aufgaben, Zurechtweisungen, Blick für Andere öffnen und stärken, Empathie wecken bei besonderen Grenzerlebnissen wie bei Frustrationen anderer, Verletzung anderer, Hilflosigkeit anderer, Tolerieren oder Unterdrücken von Methoden der Selbstabgrenzung und Selbstverteidigung, Pantomimik

- **Vermittlung altergerechter Bewegungsformung**
  Hastigkeitsformen – Geschicklichkeit – Perfektion
  Beispiele für Methoden:
  Kürzere oder ausführlichere Übungsreihen, längeres oder kürzeres Eingehen, Wiederholungen weniger oder ausgeprägter, Rückmeldungen weniger oder mehr, mehr spielerisches oder auch mehr leistungsorientiertes Lernen

Weitere pädagogische Grundlagen

Persönlichkeitsbildung auch im Skiunterricht?

Bis zur Erwachsenenzeit geschieht die „Persönlichkeitsbildung" besonders in der Familie und in der Schule. Es stellt sich die Frage, inwieweit wir innerhalb eines zum Beispiel 6-Tages-Skikurses darauf einwirken können.

Die Erlebnissportart Skifahren – realisiert in einer wunderbaren Naturlandschaft – eignet sich hervorragend, um in einer schönen Lebensphase besondere Erfahrungen zu sammeln. Eine Person ist in ihrer Entwicklung nie vollendet. Jede Lebenserfahrung und jede Förderung hat Einfluss auf die eigene Entwicklung.

Einige pädagogische Grundsätze

Achtung, Annahme, Aufmerksamkeit, Zuwendung – das tut gut!

Innerhalb einer Skiwoche entstehen Beziehungen. Wir können das in diesem positiven Umfeld nutzen, auch um ein Selbstbild zu schärfen. Konkret geht es um die Entwicklung eines Selbstwertgefühls, wobei eine Selbsteinschätzung nur im Spiegel der Fremdeinschätzung gewinnen kann.

Dazu gehört, dass die Personen mit den Stärken und Schwächen geachtet werden (vgl. Grundgesetz – „die Würde des Menschen ist unantastbar"). Die Achtung eines Menschen gehört zur Grunderfahrung überhaupt. „Das Maß an Aufmerksamkeit, Zuwendung und Zuspruch, dass jemand auf Dauer erfährt, macht die Qualität der zwischenmenschlichen Beziehungen aus".

Jeder Mensch ist wichtig, jeder Mensch hat Qualitäten. Jeder Mensch braucht Akzeptanz und Ansprache!

Faszination alpine Bergwelt

Beziehungsangebote im Skiunterricht – ein Verhaltensset

- **Verlässliche Beziehungen** mit ehrlichen und einschätzbaren Kommunikationsangeboten, „ich bin hier für dich da" – „du kannst mit mir sprechen" – „du bist hier wichtig" – „deinen Wunsch nehme ich ernst"

- **Ganz wichtig bei Fehlverhalten,** die Kontaktangebote bleiben bestehen „dein Verhalten kann so nicht akzeptiert werden – das stört aber nicht das Grundverhältnis"

- **Sozialintegrativer Erziehungsstil**, es überwiegen Anregungen, Verabredungen, Verträge und Angebote statt Verbote, Befehle, Strafen

- **Disziplin/Selbstdisziplin** – weil wir nur so gemeinsam etwas erleben und schaffen Die Regeln des Umgangs sind klar formuliert und schaffen verlässliche Verhaltensregeln, Ordnungslosigkeit und Willkür schaffen Desorientierung und Ängste, Regeln sind veränderbar, aber so lange sie gelten, sind sie einzuhalten

- **Rituale/Routinen des Skitages,** sie schaffen einen Orientierungsrahmen, z. B. immer dieselben Treffpunkte nach dem Ausstieg vom Lift einführen, Begrüßungsrituale und auf der/m Skilehrer*in ist Verlass – der/die Skilehrer*in ist immer zuerst am Treffpunkt, man freut sich auf den gemeinsamen Skitag

„Ich bin für dich da", eine verlässliche Beziehung

Die „Kinder-Schnee-Welt" – In die Welt der Kinder eintauchen
Besonderes für die Kleinsten – Wie wird das Skifahren „kinderleicht"?

„In die Welt der Kinder eintauchen" ist unser Motto. Kinder leben in einer spielerischen Welt. Darum wandeln wir die Skitechnik in ein Spiel aus Wörtern und Bildern um. Kinder lieben Geschichten und das Fantastische. Mit viel Spaß und spielend gelernt wird das Skifahren „kinderleicht".

Wir nutzen den natürlichen Bewegungsdrang der Kinder und setzen unsere Spielmethoden ganz gezielt und altersgerecht zum kindgerechten Lernen ein. Durch die vielfältigen körperlichen Erfahrungen gewinnt das Kind Selbstsicherheit und es lernt situativ im Schnee die eigenen Grenzen kennen. Es wird auf dem Ski/Snowboard balanciert, geschickt werden Buckel und Mulden ausgeglichen, der „Puderzucker-Schnee" erspürt und im schnellen Gleiten ein ganz neues eigenes Fahrgefühl entdeckt.

Der Wintersport bietet in einer wunderbaren winterlichen Bergwelt eine hervorragende Möglichkeit einen wirklich schönen Urlaub zu erleben! Wir wollen mit dem „Kinder-Schnee-Welt – Konzept" die Kinder begeistern, damit der Wintersport ein fantastisches Abenteuer wird.

Durch jede Übung, jedes Spiel und jede fantastische Geschichte wird das Skifahren „kinderleicht

Wie wird Skifahren „kinderleicht"?
Kinder lernen besser in einem Miteinander!

Idealer Kinderski-Kurs heißt für uns: Kleine Gruppen, moderne Lernmethoden und Organisationsformen, die individuelles Lernen ermöglichen.

Um einen idealen Kurs zu ermöglichen, haben wir unser „Kinder-Schnee-Welt – Konzept" für unsere SPORTSnachwuchs-Familienfreizeiten entwickelt.

Dieses Markenzeichen ist unser Herzstück und steht für innovative Qualität beim Unterrichten in Zusammenhang mit der richtigen Ausrüstung.

Wir bieten die neuesten Methoden an, alte technische Normen stehen bei uns kaum im Vordergrund. Erlebnisinszenierung und Freude durch viel Bewegung dominieren. Unsere Kinder sollen durch die kleinen Gruppen möglichst viel zum Skifahren/ Snowboarden kommen – differenzierter Unterricht wird ermöglicht.

Kinder lernen viel schneller, wenn man sie auf ihrem Niveau fahren lässt – Tempofahren! Der Lernerfolg ist dann garantiert und der Spaß stellt sich unmittelbar selber ein.

Auch das Skitragen will gelernt werden – es ist gar nicht so einfach!

Alles ist „kindgerecht"
Kürzere Kindercarver sind „cooler", sie sind einfach zu handhaben

Die richtige Ausrüstung ist für den Lernerfolg und den Spaß ganz wichtig. Und das fängt mit der richtigen Skilänge an. Oft beobachtet man an den ersten Skitagen, wie sich Kinder z. T. quälen und Misserfolg ernten. Diese Kinder haben einfach zu lange „Latten". Die Kinder können diese Skier nicht kontrollieren und nur ganz schwer in die Kurve drehen. Die meisten Ausleiher machen sich leider darüber keine Gedanken.

Auch kleine Kinder brauchen zum Skifahren bereits richtige und gute Ski. Die heutigen kurzen Lerncarver ermöglichen ein frappierend schnelles Lerntempo.

Auch weniger bewegungsbegabte Kinder lernen heute problemlos und überspringen in wenigen Tagen oft mehrere Lernstufen.

Dabei gilt: Je kürzer die Ski sind, desto leichter gelingt das Kurvenfahren.

Kinder haben mit dem „Servo – Lenkungseffekt" der taillierten Skier viel mehr Vergnügen ihrem Winterspiel nachzugeben, wenn sie die beste Ausrüstung haben.

Was macht eine/n gute/n Skilehrer*in aus?

Eine Selbsteinschätzung – bitte ankreuzen:
Welche Fähigkeiten sollte ein/e Skilehrer*in haben?

Das wäre	wünschenswert	notwendig	absolut notwendig
Eine funktionelle Skikleidung tragen	☐	☐	☐
Skifahrkönnen,	☐	☐	☐
• ich beherrsche souverän jeden Steilhang			
• jede Tiefschneeart, auch Bruchharsch	☐	☐	☐
• jede rote Piste, bei jedem Wetter	☐	☐	☐
Ich kann verschiedene Techniken demonstrieren	☐	☐	☐
Ich besitze fundamentales Skiwissen	☐	☐	☐
Ich bin kommunikativ	☐	☐	☐
Ich kann gut mit Kindern umgehen	☐	☐	☐
Ich kann gut mit Erwachsenen umgehen	☐	☐	☐
Ich habe eine klare Kommandosprache	☐	☐	☐
Ich kann eine Gruppe auch bei schwierigen Wettersituationen motivieren	☐	☐	☐
Ich halte regelmäßige Fortbildungen für Skilehrer*innen sinnvoll	☐	☐	☐
Ich bin offen für neue Entwicklungen	☐	☐	☐
Ich trage im Skikurs einen Skihelm und Skihandschuhe	☐	☐	☐
Ich kann gut voraussehend fahren, den Raum nutzen	☐	☐	☐
Ich kenne die 10 FIS-Regeln	☐	☐	☐
Als Skilehrer*in brauche ich Selbstdisziplin	☐	☐	☐

Kapitel 2

Leitvorstellungen – funktionelles Skifahren

Was ist funktionell?

- Verschiedene technische Leitbilder, Neuorientierung durch Carving

- Fahre ich die „richtige" Technik?

- Funktionelles Skifahren
  – Funktionelles Skifahren beim Kinderskilauf

- Unsere Pistentechnik, Diskussion

- Verschiedene Leitbilder
  – einige Beispiele, Bilder

Locker befreit, kämpferisch oder technisch sauber – was macht Skifahren aus?

Eine Steilhangtechnik extrem – auch ein Leitbild, ohne klassisches Leitbild
(Auszug aus Skilexikon, Dr. Walter Kuchler, SPORTS, 2017, S. 131)

„Schilderung der Abfahrt vom Mount Everest von Hans Kammerlander: Was ich da machte, war natürlich kein Skifahren im eigentlichen Sinn. Das war vielmehr ein extremes Abrutschen, ein Kratzen mit den messerscharfen Stahlkanten in einem sehr steilen Gelände und ein gefährliches Umspringen ... immer darauf bedacht, das drohende Tempo abzubremsen..."

Verschiedene „Technische Leitbilder"

In wie weit ist ein „technisches Leitbild" für uns hilfreich?
In den Skiländern/Skiverbänden gibt es zum Teil sehr unterschiedliche Vorstellungen über ein Leitbild/über die optimalen Bewegungsausführung und Körperhaltung eines guten Skifahrers.

Wir beteiligen uns an dem Thema, weil uns die Diskussion hinsichtlich der Einflussnahme auf den methodischen Weg interessiert.

Folgende Begrifflichkeiten spielen für uns eine besondere Rolle:

Neuorientierung durch Carvingtechnik – SPORTS, unsere Leitvorstellung

- Frontale Position/Stellung bevorzugen, die Kraft wird gebündelt
- Offene Beinführung, sie ermöglicht offensives Agieren und stärkeres Aufkanten
- Diagonale Bewegungsabläufe mit Kreuzkoordination, keine Befürchtung vor einem Hineindrehen
- Belastung auch durch das Innenbein (in welchen Situationen?)
- Schräglage, Kurvenlage in Gesamtseitenlage oder mit Hüftcanting, weniger aus den Knien heraus, Offenheit für starke Kurvenlagen
- Regulatives Druckverteilen mit der Fußsohle, die „alte, hohe Schule"

Kritische Hinterfragung
- Weniger Hoch- und Tiefbewegung – sie nehmen dem Ski die Eigenführung (Autokinetik)
- Der alte Knieknick seitwärts ist nicht empfehlenswert

„Fahre ich die richtige Technik – was muss ich besser machen/korrigieren?"

Diese Fragen beschäftigen uns in der Ausbildung zum Skilehrer immer wieder. Auch, weil die angehenden Skilehrer diese Antworten berechtigter Weise einfordern.

Eine generelle Antwort:

Grundsätzlich gibt es viele Leitbilder, weil es eine Vielzahl von „technischen" Lösungen gibt.

Zuerst muss hinterfragt werden, was man beim Skifahren anwenden möchte. Hilfreich ist der Überblick „Skitechnik universell" von Dr. Walter Kuchler – ein Ausschnitt (vergleiche Anhang S. 88):

- Möchte ich eher klassische Schwünge fahren, z. B. als Kurzschwung demonstrativ perfekt?

- Möchte ich lieber eine „moderne" Carvingtechnik auf der Piste optimieren?

- Möchte ich eher sparsam oder sportlich rasant fahren, vielleicht eine Beschleunigung einbauen?

- Möchte ich meine Technik im steilen Eishang oder außerhalb im Gelände bei idealen Pulverschneehängen oder bei Schlechtschneeverhältnissen anwenden?

- Möchte ich mit Spielschwüngen mein Repertoire erweitern oder im Funpark meine Künste zeigen?

- Möchte ich eine Spezialtechnik vervollkommnen, z. B. eine Abfahrtsposition?

Zusatzfragen:

- Welche Athletik, welche sportmotorischen Begabungen bringe ich mit, wie sportlich möchte und kann ich mich einbringen?

- Welche emotionale Persönlichkeit setze ich ein, welche ästhetische Prägung bevorzuge ich?

- Welche Wetter- und Schneebesonderheiten herrschen, welche Hänge möchte ich bewältigen?

- Nehme ich Rücksicht auf meine Gesundheit oder nutze ich bewusst anstrengende und z. B. bei der Position „Gesäß tief hinunterdrückend" für die Knie besonders belastende Position?

Funktionelles Skifahren beim Kinderskilauf

Was ist für mich persönlich entscheidend und was kann uns für die Ausbildung weiterhelfen?

Unser Trainer und Ausbilder Uwe Kühn prägt seit Jahren den Begriff Funktionalität. Wann ist es zum Beispiel funktionell mit Stöcken oder ohne Stöcke zu fahren? Wie hilfreich ist es, bei Sprüngen die Stöcke als Balancierhilfe einzusetzen oder im Schlechtschnee als Auslösehilfe zu nutzen?

Im Anfänger-Kinderunterricht ist es meistens hilfreich ohne Stöcke zu fahren, da ansonsten bereits vier Geräte koordinativ optimiert einzusetzen sind.

Als Basis sollten wir uns dabei zum einen auf „sportliche Pistentechniken" konzentrieren und zum anderen der Frage annähern, was hilft bei der methodischen/didaktischen Herangehensweise für unsere Zielgruppe im Kinder- und Jugendskilauf.

Kinder- und Jugendskilauf – was ist eher funktionell?

Unsere Beobachtungen – was hilft:

- Das Einnehmen einer kompakten, zentralen Position, einer Mittellage, aus der in alle Richtungen schnell agiert werden kann.

- Für das Aufkanten ein eher gestrecktes Außenbein in Verbindung einer leichten Kippbewegung, um über das Außenbein/über hohes Aufkanten höhere Haltekräfte zu bewirken, offene Skiführung.

- Für das Auslösen für den nächsten Schwung eine leichte oder stärkere (je nach Tempo) diagonale Aktion – ein Hineindrehen – als Impulseffekt oder mit Blockdrehen mit anschließendem Belastungswechsel.

Je nach Schüler helfen zusätzliche, stärkere Impulse, wie das Hineindrehen oder leichter Knieknick, jedoch sollte möglichst die Betonung einer „Blocktechnik" (vgl. S. 25 Thema zur Achsenparallelität) favorisiert werden. Bei „vorsichtig" agierenden Schülern hilft oft das Blockdrehen.

Zielsetzung: Erlernung Basiscarver – der erste parallele Schwung durch Kippen und mit Hilfe der taillierten Ski Kurven fahren.

Der Basiscarver als Basis-Schwung wird über Driften und Schneiden angewendet. Die Skiführung ist offen. Durch das Ziel, möglichst lange Schneekontakt und gleichbleibenden Druck auszuüben, wird die Sicherheit gestärkt.

Ein Leitbild zum Kinderskilauf – zur Erreichung gibt es eine Vielzahl von Methoden und Übungsbeispiele.

Beispiele für Vorstellungen/Bilder:

- Wir schweben über den Hang wie Flieger, Segler oder Adler.

- Wir legen uns wie Motorradfahrer in die Kurve.

- Meine Hüfte schnellt zum Kurvenwechsel horizontal in die neue Richtung, Verlagerung des Körperschwerpunkts.

- Wir erhöhen den Druck in der Kurve und lassen uns in die neue Fahrtrichtung „rebounden", eine aktive Streckbewegung wird nicht benötigt, wir nutzen dabei spezielle Rebounder, u. a. die Fußsohlen, die Fußgelenke, die Sprunggelenke.

- Das Skifahren gliedert sich in verschiedene Phasen:
  SCHWEBEN – LANDEN – DURCHSTARTEN,
  das Spiel mit den Kräften verteilt in die miteinander verbundenen Bewegungsabläufe.

- Wir lassen uns durch die Kurvengefühle in einen Rausch versetzen.

- Tempofahren
  Mit Schuss – Spielen: Zum Beispiel mit viel Tempo in eine Kurve fahren und möglichst hoch enden. Zielsetzung: Carven lernen – Tempofähigkeit, Standfestigkeit steigern

Merkmale:

- Parallele Skistellung, gestrecktes Außenbein, Innenbein stark gebeugt

- Kippen, Einnehmen einer Schräglage

- Kantengriff auf dem Außenski, der Innenski führt mit

Erlebnis Kurvenrausch

Weitere Beobachtungen, die methodische Auswirkungen haben:

Die meisten Schüler gehen mit den „Impulsbewegungen" sehr sparsam um. Einige verkrampfen und haben Angst vor Misserfolg.

Bei der Erarbeitung in Richtung der Zieltechnik ist oft hilfreich, starre Bewegungsmuster und Ängste aufzulösen. Spielschwünge helfen hier auch als Übertreibungsübungen.

Bei der methodischen Erarbeitung ist es unumgänglich, ganz gezielt an der Standfestigkeit zu arbeiten. Zielsetzung ist es, möglichst in den ersten Stunden schnell sturzfrei zu bleiben. Zur Standfestigkeit gehören Muskelkraft einschließlich der Körperspannung und eine gewisse emotionale Einstellung.

Der Einbezug der Umgebungsbedingungen (u. a. die sportmotorischen Fähigkeiten) spielen eine wesentliche Rolle.

Die „höhere" Zielsetzung, der nächste Schritt – unsere Pistentechnik

Welche sportliche Technik ist für den starken, erfahrenen Skiläufer funktionell. In der Vergangenheit hat sich das „schneidende Fahren" – das Carven – durchgesetzt. Für das „Kurvengleiten auf der Kante" hat sich in Deutschland insbesondere SPORTS stark gemacht. Zielsetzung ist es, möglichst das driften oder rutschen zu vermeiden. Der Schneekontakt wird möglichst lange aufrechterhalten, durch den gleichbleibenden Druck entstehen größere Kräfte, die uns schnell in die neue Richtung bewegen lassen.

Zur „idealen" Körperposition und zum Kurvenlagewechsel gehen die Lehrmeinungen, wie schon erwähnt, in den Skiländern auseinander. Wir regen die Diskussion an, z. B. über

- Achsenparallelität, die Querachsen durch Knöchel, Knie, Hüften und Schultern
- Frontaltechnik mit der Achsenparallelität und Schwung en bloc
- Ganzkörperkippen, der ganze Körper neigt sich, um die Kurvenkräfte zu erhöhen und damit einen schnellen Lagen-, Ski- und Kantenwechsel
- Kippen über „Oberkörperausgleichsbewegungen", um die Kräfte besser aufzufangen sowie um die Aufkantbewegung zu verstärken, durch leichte oder stärkere Vor-Seitbeuge oder hin zum Hüftcanting

Ganzkörperkippen — Mit Ausgleichsbewegung – hier übertrieben dargestellt

Wir fördern die Diskussion und sind gespannt auf die weitere Entwicklung.

Individual-Coachingprinzip Die Entwicklung des eigenen Leitbildes

Um unser Skifahren zu verbessern ist es notwendig, sich mit dem eigenen Skifahren, mit der Technik sowie den weiteren Fähigkeiten, auseinander-zusetzen. Konkret heißt das, ein Selbstbild zu entwickeln.

Dabei gewinnt die Selbsteinschätzung im Spiegel einer Fremdeinschätzung.

Zur Auseinandersetzung mit dem eigenen Selbstbild gehört die Achtung der eigenen Stärken und Schwächen. Gefördert wird diese Auseinandersetzung durch wechselseitige Kontaktgespräche.

Auch Videoaufnahmen wirken als Verstärker und sollen so viel Selbstwertgefühl aufbauen, um Wirksamkeit zu erreichen / um Zuwächse für das eigene Skifahren zu ermöglichen.

Verschiedene Leitbilder – einige Bespiele

Kippbewegungen und Schräglage, hochsportlich oder moderat eingesetzt:

Reizvoller Kantengriff, erster Kantengriff mit dem Innenski

Ganzkörperkippen: gecarvt und moderat – funktionell mit Blocktechnik ausgeführt, mit Top – Kurvenlage, der Blick geht hin zum neuen Ziel, ein typischer Skilehrer – Nachhause – Schwung, hier von Hannes Hubli (Oberiberg/Schweiz) angewandt

Sportlich auf harter Piste mit Ausgleichsbewegung

Moderat mit hoher Standsicherheit ausgeführt

Hochsportlich und kühn – Becken horizontal und schnellend verlagert, immer in tiefer Position – unser Ausbilder Uwe Kühn SPORTSnachwuchs

Kapitel 3

Wie lernen Kinder – Mit Kindern ist es anders

Wie sich Kinder entwickeln

- Das Kind ist anders, es ist kein Erwachsener – ein Überblick
- Ab wann kann ein Kind in den Skikurs?
- Die Entwicklungsstufen
    - 3 bis 6 Jahre (Vorschulalter)
    - 6/7 bis 9 Jahre (Schulalter, erste Phase)
    - 9 bis 11 Jahre (Schulalter, zweite Phase)
    - 12 bis 15 Jahre (Jugendskilauf)

Kinder und Jugendliche müssen entwicklungsgerecht gefördert werden und nicht – passiert oft – altersgerecht.

Jedes Kind lernt anders!

Auch mit drei Jahren kann gestartet werden

Technikschulung – Frontale Position!

Mit Kindern ist es anders – ein Überblick

Das Kind ist kein Erwachsener und auch kein kleiner Erwachsener

Das Kind durchlebt verschiedene Entwicklungsphasen:

Kindergartenalter sowie Beginn Grundschule	2 bis 7 Jahre	Phase der vorbegrifflichen Intelligenz, anschauliches Denken
Grundschulalter und Sekundarstufe	7 bis 11 Jahre	Phase der konkreten Operationen, Logik wird möglich, es entwickeln sich Systeme von Operationen
Schulkinder Sekundarstufe	ab 12 Jahren	Phase der formalen Operationen, abstraktes Denken

Wichtig: Die Entwicklungsverläufe sind individuell, denn die Personen sind aktiv! Die Verschiedenheit der Skischüler hinsichtlich Körpergröße, Proportionen und die psychische Entwicklung und Verfassung sind unterschiedlich zu beachten.

Daher sollte der Unterricht für die kleineren Kinder Differenzierungen durch offene Unterrichtsformen erlauben (z. B. Umlaufbetrieb).

Ab wann kann ein Kind in den Skikurs?

Ab wann kann es rhythmisch Schwünge fahren, einen Schwung nach dem anderen Schwung ziehen?

Ist der Einstieg schon mit 2, 3 oder 4 Jahren möglich?

Kein Problem im Schneekindergarten! Wenn es nicht nur die Eltern wollen!

Jede sportliche Bewegung hat für die Entwicklung und das Wachstum der Kinder positive Auswirkungen. Durch Schneesportspiele entdeckt das Kind eine andere Welt, jene der frischen Luft und der Natur. Alle Reizprozesse wirken sich positiv aus. Auch Kraft und Schnelligkeit erfährt über die ganze Entwicklung eines Menschen eine kontinuierliche Verbesserung und Steigerung. Koordinatives Leistungsvermögen kann weitgehend entwicklungsneutral über die gesamte Lebensspanne hinweg verbessert werden.

Das Skifahren ist eine einfache Disziplin, um erste Gleitgefühle und verschiedene Körperspannungen zu erleben.

So kann ein Skitag beginnen

Gemeinsam wird der Schneesport ein Kinderspiel

Die Entwicklungsstufen – 3 bis 15 Jahre

Der erste Skikurs – die Kinder lernen Schwung an Schwung zu fahren

Spielen – ausprobieren – gewöhnen – herantasten
3 bis 6 Jahre (Vorschulalter)

Das Kind liebt Geschichten und das Fantastische –
es lebt in einer eigenen Fantasiewelt / Traumwelt.

Mit Plüschtieren, Schüttelliedern und spannenden Geschichten

Voraussetzungen für den Gruppen-Skikurs (ohne Eltern)

Ab ca. 4 bis 6 Jahren: Sobald ein Kind einbeinig eine kleine Strecke hüpfen / springen kann, die Treppenstufen werden im Diagonalschritt genommen, es kann gehend balancieren, Slalom-Laufen, Laufen und Springen kombinieren.

Es ist sehr hilfreich, wenn das Kind bereits die Handschuhe selber anziehen kann. Umso unselbstständiger die Kinder sind, umso mehr müssen auch in kleineren Skikursgruppen mehrere Skilehrer eingesetzt werden.

Spielend lernen

Für kleine Kinder steht das Spiel im Mittelpunkt. Das Spiel ist die wichtigste Tätigkeit, die Welt wird damit begriffen, durch das Spiel wird keine Zeit und keine Kraft vergeudet, es wird sogar neue Energie gewonnen. Das Spiel bereichert das kindliche Leben. Es bereitet Freude und Lust, Kreativität und Fantasie werden entwickelt, die Kinder üben sich in sozialem Verhalten.

Kinder spielen allerdings nur dann, wenn sie sich sicher und wohl fühlen, wenn sie ihrer Umgebung vertrauen. Wenn sie die Spielsituation überblicken können und keine Ängste haben. Im Kleinkind- und Kindergartenalter ist das Spiel die vorherrschende Form kindlicher Betätigung. Sie bevorzugen Rollenspiele (sie spielen Eltern – Kinder, sie spielen „Zoo").

Das Spiel geschieht um seiner selbst willen und nicht, um etwas zu erreichen. Durch das Spiel erkundet das Kind die Umwelt, es kann sich aber auch im Spiel von der Umwelt lösen.

Auch ältere Kinder, Jugendliche und Erwachsene spielen noch häufig, für sie hat das Spiel jedoch nicht mehr dieselbe Bedeutung.

Kinder sind oft im Spiel vertieft, sie vergessen elementare Bedürfnisse, (Nahrungsaufnahme, Toilettenzeit), Kinder merken nicht, wenn es dunkel oder kalt wird. Sie benötigen schneller eine Pause. Die Pause kann aber kurz sein, denn sie erholen sich relativ schnell.

Zusammenfassung – Kennzeichen

- Große Lernfähigkeit, die Konzentrationsfähigkeit ist von kurzer Dauer, das Kind ist egozentrisch, es spielt eher allein, es kann sich gerne an die Lehrer binden, kann aber auch die Eltern vermissen
- Ermüdet schnell, hat wenig Ausdauer, ab 5/6 Jahren erholt es sich aber sehr schnell, schneller als Erwachsene
- Hat oft Rücklage auf den Ski (besonders bei großen Skilängen) wegen der ungenügenden muskulären Entwicklung, die Präzision der Bewegung ist begrenzt, kann aber auf einem kurzen Kinderski-Lerncaver schnell die Balance – eine mittige Position – finden und diese auch in einfachen Situationen halten
- Lernt vor allem durch Probieren und Nachmachen (visuell), es hat Mühe, die Bewegung zu spüren
- Es kann technische Bewegungsanweisungen nicht umsetzen, kann rechts und links nicht unterscheiden
- Es kann nur eine Aufgabe lösen, nicht mehrere auf einmal
- Koordinationsschulung geht vor Konditionsschulung

Mit dem ersten Gleiten geht es los

Lehrerverhalten – 3 bis 6-Jährige (Vorschulalter)

- Individualisierung bis hin zum Einzelunterricht empfehlenswert
- Von den Eltern eine sanfte Trennung ermöglichen
- Abwechslung bieten, Spielsachen organisieren
- Spielanimationen sind wichtig
- Eher Aufgaben vormachen, statt langanhaltende sprachliche Erklärungen abgeben
- Emotionale Ausbrüche ernst nehmen
- In Augenhöhe agieren
- Kinder wieder aufhelfen, sie ermüden zu schnell, großen Energieaufwand vermeiden
- Animierte Geschichten spielen (z. B. wir sind im Zoo und gehen zu den Elefanten)
- Die Spiele mit wenigen Regeln versehen, Regeln werden oft als Zwangsregeln verstanden
- Geschicklichkeitsaufgaben stellen – breite Skipositionen helfen beim Gleichgewicht
- Starke Kippbewegungen vermeiden, sie stören das Gleichgewicht
- Leichte Drehbewegungen sind einfacher zu erwerben, dadurch können zur Tempodrosselung größere Bögen möglich werden, bei älteren Kindern dieser Altersgruppe kann ein leichtes Kippen eingebaut werden, der Bogen verkürzt sich
- Das Aufkanten für den Stoppschwung erfolgt durch Knie-Knick

So beginnt ein Skitag

Mit viel Freude – wir sind motiviert

Die beste Zeit zum Lernen

Mädchen mit 7 bis 12 und Jungen mit 7 bis 13 J.

Das Alter gilt als „goldenes Alter für die Koordinationsschulung. Die größten Zuwachsraten zeigen sich im Alter von 7 bis 9 Jahren.

Unterteilung der Phase in drei Entwicklungsstufen – mit Übergang zum Jugendskilauf

> **Spielend lernen**
> **6/7 bis 9 Jahre (Schulalter/konkret-operationales Stadium, erste Phase)**
> **Es entwickeln sich Systeme von Operationen.**

Zusammenfassung – Kennzeichen

- Sehr günstige Phase für das motorische Lernen.
- Neue Eroberungen werden erfahren. Alle Denkschritte müssen mit konkreten Erfahrungen in Bezug gebracht werden.
- Die Kinder sind in der Regel für alle Aktivitäten offen, sie wollen Neues erkunden.
- Die Aktivität soll dem Kind nicht aufgezwungen werden, es kann auch aggressiv werden und sich gerne mit anderen streiten, es kann schüchtern oder auch ängstlich sein, es kann sich stark an Lehrer binden.
- Das Kind ist neugierig, es liebt Abenteuer und sucht seine Grenzen, ohne die Gefahren zu Erkennen.
- Sein Knochenbau ist aber zerbrechlich.
- Es kann Bewegungen mit verschiedenen Körperteilen gleichzeitig ausführen (siehe Fahren mit Stöcken, die Koordinationsfähigkeit erlaubt dieses).
- Die Einbeziehung der Alltagsmotorik hilft.
- Einige Körperteile entwickeln sich schneller als andere, eine vorübergehende Ungeschicklichkeit und Schüchternheit kann die Folge sein.
- Es hat viel Energie, ein Kind ist ein besserer Ausdauersportler als der Erwachsene.
- Das Kind kann nicht verlieren (Wettkampfsituation vermeiden), das Skifahren macht man zum Spaß.

Lehrerverhalten – 6/7 bis 9-Jährige (Schulalter)

- Einfache und konkrete Informationen geben
- Verschiedene Sozialformen wählen, Partnerarbeit und Kleingruppenaufgaben
- Vertrauen aufbauen, der Erfolgt ist abhängig vom Selbstvertrauen des Kindes
- Für entspannte Atmosphäre sorgen, Gemeinsames muss überwiegen, ein Gegeneinander hilft nicht
- Wettkampfsituationen vermeiden, alle Kinder brauchen den Erfolg
- Die Gefahren müssen eingeschränkt werden, jedoch die Entdeckungslust nutzen
- Klare, einfache Regeln helfen
- In der Reihe/Kolonne fahren ist schwierig, da das Tempo oft nicht angepasst werden kann, muss jedoch aus Sicherheitsgründen immer wieder eingesetzt werden, Folge: das Tempo wird verlangsamt, evtl. die Lernprozesse ebenfalls

Lernen mit Spielgeräten – mit Schwimmnudeln    oder paarweise mit Lenkern

Unabhängig lernen
9 bis 11 Jahre (Schulalter/konkret –operationales Stadium, zweite Phase)

Optimale Phase für die Entwicklung der Koordination

Zusammenfassung – Kennzeichen:
- Es ist die Phase der Clans, die Gruppendynamik wird immer wichtiger, das Kind liebt die Gruppe
- Das Kind beginnt Gut und Böse zu unterscheiden
- Das Kind ist unabhängiger gegenüber dem Erwachsenen
- Hat Mühe mit dem Verlieren, möglichst keine Gewinner und Verlierer erzeugen
- Das Mädchen ist oft größer und weiterentwickelt als der Junge, ein Wachstumsschub kann neue Proportionen schaffen, vorübergehende Ungeschicklichkeit ist die Folge

Position Rakete und Ei    Kompakte und frontale Positionen fördern

Lehrerverhalten – 9 bis 11-Jährige (Schulalter)
- Kleingruppenaufgaben und Partnerarbeit fördern
- Neue Bewegungen/neues Gelände ausprobieren
- Aufgaben mit höherer Präzision stellen
- Die Aufgaben an die unterschiedlichen Fähigkeiten (Mädchen und Jungen) anpassen, Wettkämpfe vermeiden
- Den Respekt vor den Mitschülern fördern

Die Grenzen austesten – ein herrlicher Tag im Oktober, Pitztaler Gletscher

Trainieren und immer noch etwas spielen
12 bis 15 Jahre Phase der formalen Operationen/abstraktes Denken (Pubeszenz)

Die Erweiterung im Jugendskilauf
Die Sportlichkeit erhöhen – die Fremdbestimmung verringern – die Attraktivität anpassen

Zusammenfassung – Kennzeichen:

- In der ersten pubertären Phase sind die Schüler oft mehr mit sich beschäftigt, Bewegungsdrang ist eingeschränkt, später (in der zweiten pubertären Phase) steigt der Bewegungsdrang.
- Kennzeichnung einer kognitiven Ausrichtung im Entwicklungsprozess, die „technische Sprache/Erklärung" gewinnt an Bedeutung, die Schüler können sich konzentrieren.
- Durch aktive Prozesse werden kognitive Strukturen entwickelt.
- Mit der Pubertät nimmt die Trainierbarkeit gerade der männlichen Jugendlichen stark zu (Kraft und Schnelligkeit).
- Es können auch feinmotorische Informationen verarbeitet werden.
- Es erfolgt eine Spezialisierung der Koordinationsleistungen.
- Wachstumsbedingte Umstellungsprozesse beeinträchtigen die motorische Entwicklung (Jungen bis 15 J., Mädchen bis 13 Jahre).

Mit 12 Jahren oder ab 1,25 m Körpergröße dürfen Kinder ohne Begleitung Sessellift fahren.

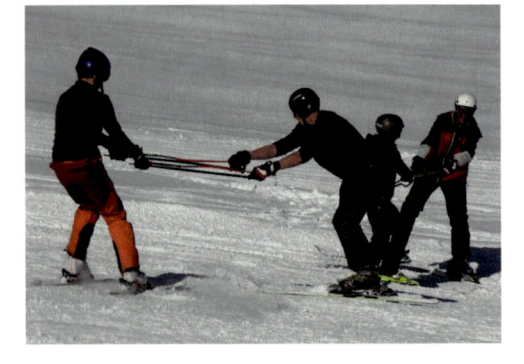

Natürliche Geländeformen nutzen und die Sportlichkeit im Spiel erhöhen

Mit viel Körperbeherrschung

> **Lehrerverhalten – 12 bis 15-Jährige (Jugendskilauf)**
>
> - Der Lehrer übernimmt klar das Kommando
> - Sportliche Reize setzen, z. B. einen bestimmten Raum in vorgegebener Anzahl von Schwüngen bewältigen, unbedingt organisierte oder natürliche Geländeformen nutzen, z. B. Schanze, Welle, Rinne, Mulde oder Bobbahn – die Jugendlichen experimentieren ohne jegliche Aufforderung von außen.
> - Sporterfahrene Schüler können mit feineren Koordinationsaufgaben umgehen.
> - Bei „freier" Sozialform (keine Kolonne) klare Treffpunkte bestimmen, vorher durchspielen.
> - Partnerschaftliches Verhältnis zwischen Lehrer und Schüler wird bevorzugt.
> - In Wachstumsschüben sehen die Bewegungen oft nicht harmonisch aus, technische Umsetzung kann so schwierig werden.
> - Feingefühl ist notwendig.

Kapitel 4

Einsteigermodelle – der erste Skitag

Viele Wege führen zum Erfolg

- Überblick zweier Erfolgsmodelle

- Der **„Klassische Weg"**
  – der erste Skitag am Beispiel einer Lernarena mit 4-5-Jährigen
  – der traditionelle Lernweg, auch auf Erwachsenen-Skikurs übertragbar

- Der Pflug – die Technikbeschreibung

- **Die direkte Methode** – das SPORTS-Anfängerkonzept ohne Pflugbogen, für Kinder, Jugendliche und Erwachsene

  Ergänzend dazu im Anhang:
  Ein Bildprotokoll: Die „direkte Methode" mit kurzen „Kinderski"

Neue Situationen nutzen – je mehr Bewegungen ausprobiert werden, umso besser funktioniert das Lernen

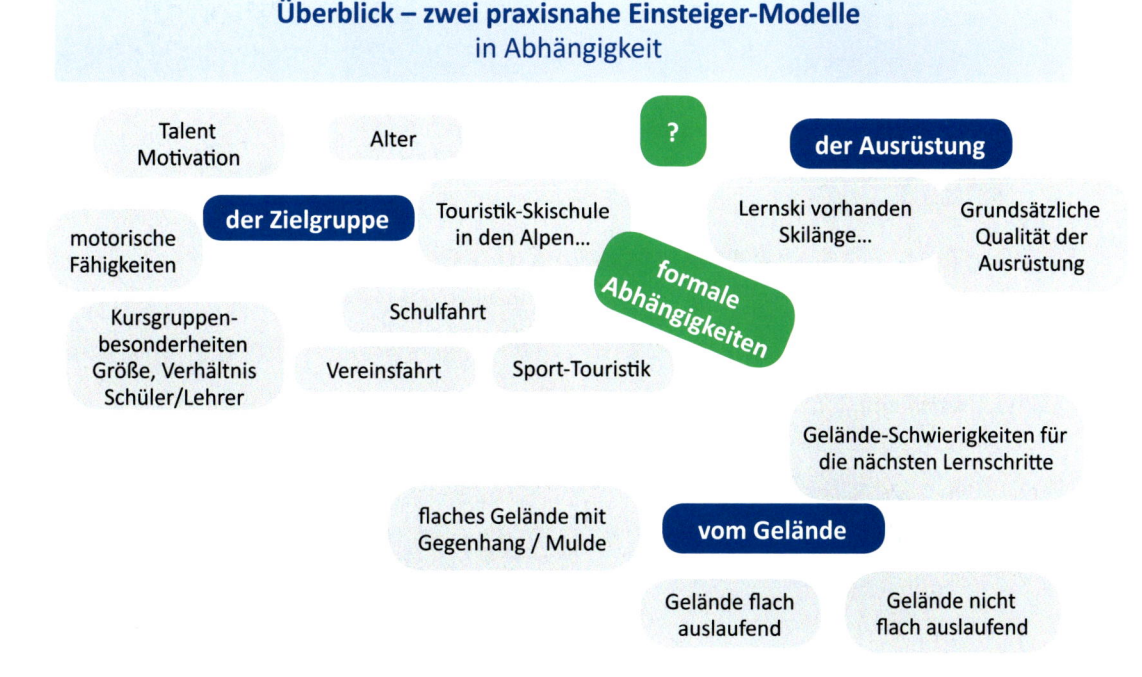

Überblick – zwei praxisnahe Einsteiger-Modelle
in Abhängigkeit

?

der Zielgruppe
- Talent Motivation
- Alter
- motorische Fähigkeiten
- Kursgruppen-besonderheiten Größe, Verhältnis Schüler/Lehrer
- Touristik-Skischule in den Alpen…
- Schulfahrt
- Vereinsfahrt
- Sport-Touristik

der Ausrüstung
- Lernski vorhanden Skilänge…
- Grundsätzliche Qualität der Ausrüstung

formale Abhängigkeiten

vom Gelände
- Gelände-Schwierigkeiten für die nächsten Lernschritte
- flaches Gelände mit Gegenhang / Mulde
- Gelände flach auslaufend
- Gelände nicht flach auslaufend

Planungskriterien untersuchen - Entscheidung

Der klassische Weg über den Pflugbogen

mit 4 bis 5-Jährigen in einer Lernarena
(auf ältere Zielgruppen übertragbar)

im Kinderpark
einfach und schnell aufgebaut

Ziel: sicheres, gerutschtes Skifahren, Schwungeinleitung erfolgt gedriftet, eher vorsichtiges Agieren

Schrittformen – Pflugschuss mit Pflugbremse – der erste Pflugbogen – Pflugbogen anwenden, festigen oder das nächste Ziel direkt anstreben

Nächste Schritte:
Abbau des Pflugbogens /
hin zum parallelen Fahren
Basisdrifter

Die direkte Methode zum parallelen Bogenfahren

ab ca. 6 Jahren anwendbar – wird oft bei Jugendlichen eingesetzt – auch für Erwachsene geeignet

mit kurzen Lerncavern in einem kleinen Lernpark – im geeigneten Gelände (s.o.) einfach umsetzbar

Ziel: schnelle Hinführung zum Carven, vor dem Beginn der Richtungsänderung erfolgt das Schneiden, mutiges Agieren

Schrittformen – Schussfahren – erste Kurve parallel fahren – Schwung an Schwung fahren mit Blockdrehen sowie Pflugbremse und Gewichtung einfache Notbremse

Nächstes – ganz nahe Ziel:
Basiscarver
gedriftete bis geschnittene Schwünge

Der klassische Weg über den Pflugbogen – spielend einfach vermittelt
Der Kinderpark

Lernarena mit 4 bis 5-Jährigen – Der traditionelle Lernweg
Viele Lernschritte sind auch auf einen Anfänger-Erwachsenen-Skikurs übertragbar

Ein Überblick in Kurzform – der erste Skitag!

Spielend eingeführt im Kinderpark z. B. mit einer Geschichte:

„Wir gehen in den Zoo"!

Animations-Materialien
z. B. Hütchen, Bojen (Smarties), Seile, bunte Markierungen/ Dekorationen, falls es geht, Aufstiegsteppich einbeziehen

Ausrüstung – die Stöcke werden nicht benötigt
Skilänge eher Brusthöhe – je kürzer, umso drehfreudiger/mit wenig Kraftaufwand zu händeln. Im nächsten Lernschritt bis Schulterhöhe, diese Skier laufen ruhiger/stabiler.

Lernarena – Startgelände
Plateau mit leichtem Gefälle und flach auslaufend nutzen – das Gelände ist deutlich eingegrenzt.

Pädagogische Ausrichtung/Methoden
In „Augenhöhe" mit den Kindern, im Dialog, Bildsprache nutzen, intrinsische Motivation fördern – die Kinder entwickeln ihre eigene „Kinder-Schneewelt" – im Kinderpark Geschichten wirken lassen, z. B. mit der Geschichte: „Wir gehen in den Zoo" – wir spazieren von Gehege zu Gehege.

Ordnung ist wichtig!
Mit geordnetem Ablauf – kein deplatzierter Ski stört den Ablauf – die Kinder lieben Ordnung!

Vorbereitungen

Einen Tagesplan aufstellen
- Sich am Vorabend über die Kinder informieren,
- Kontakt mit den Eltern aufnehmen, Kennenlernen der Kinder
- Die Animationsmaterialien besorgen

Über ein geeignetes Gelände informieren, besichtigen, wo kann gestartet werden
- Ausrüstung überprüfen – die Skier geordnet tragen lassen
- Spiele zum Aufwärmen – Lieder zum Kennenlernen…
- In die Tages-Lernarena eine Geschichte einbauen,
  z. B. wir sind in einer Spielstraße, wir sind im Zoo

Organisationsform
Umlaufbetrieb, optimal für differenzierten Unterricht

Das ist mein Ski!

Die Stationen in der Lernarena

1. Station: Schrittformen, mit einem Ski – mit beiden Skiern

Vorwärts, rückwärts, seitwärts, anheben, schreiten oder schieben, leicht aufsteigend im Treppenschritt, im Grätenschritt.

Die Grundhaltung auf dem Ski wird eingenommen – die Kinder suchen das Gleichgewicht, erfahren die Veränderungen bei Gewichtsverlagerung.

Beispiele für Aufgabenstellungen

- Gehe hin zur Station Bär, einmal umdrehen und zurückkommen!
- Wir stampfen durch den Zoo!
- Steige auf, im Fischgräten-Schritt!
- Steige auf, seitliches Treppensteigen – mit unterstützenden Zurufen: z. B. „eins und zwei, eins und zwei", „Klasse", „Prima"…!
- Zeichne mit dem Ski einen Stern!
- Schleiche wie ein Panther!
- Die Hasen hüpfen zu mir!

2. Station: Pflugschuss mit Pflugbremse

Anfahren in paralleler „Pommes"-Stellung, bergab die „Pizza"-Stellung einnehmen und in der „Sackgasse" stoppen.

- Wir gleiten den Berg hinunter!
- Rutsche bis zu den Pinguinen!
- Wir fahren wie ein Elefant (mit Rüsselstellung)!
- Während der Fahrt die Autobahnspur wechseln!
- Schussfahren bis zur Sackgasse!
- Wer kann schneller stoppen – Wettbewerb!
- In der Gasse Schuss und Pflug wechseln!
- Strecke dich wie eine Giraffe, ducke dich wie eine Raubkatze!
- Die Arme schwingen wie ein Adler!
- Lege die Hände auf die Knie!

3. Station: Der erste Pflugbogen

In die Lernarena eine Kurve einbauen – vielleicht in der Form einer Schlange, einmal nach rechts, einmal nach links.

Im Umlaufbetrieb wieder aufsteigen und in der Übungsphase wieder die „Bewegungsgeschichten" einbauen. Evtl. die „Postpaket-Methode" einbauen – die Hände führen mich in die neue Richtung (vgl. Beschreibung „Direkte Weg").

Überblick der Kinderpark-Lernstation:

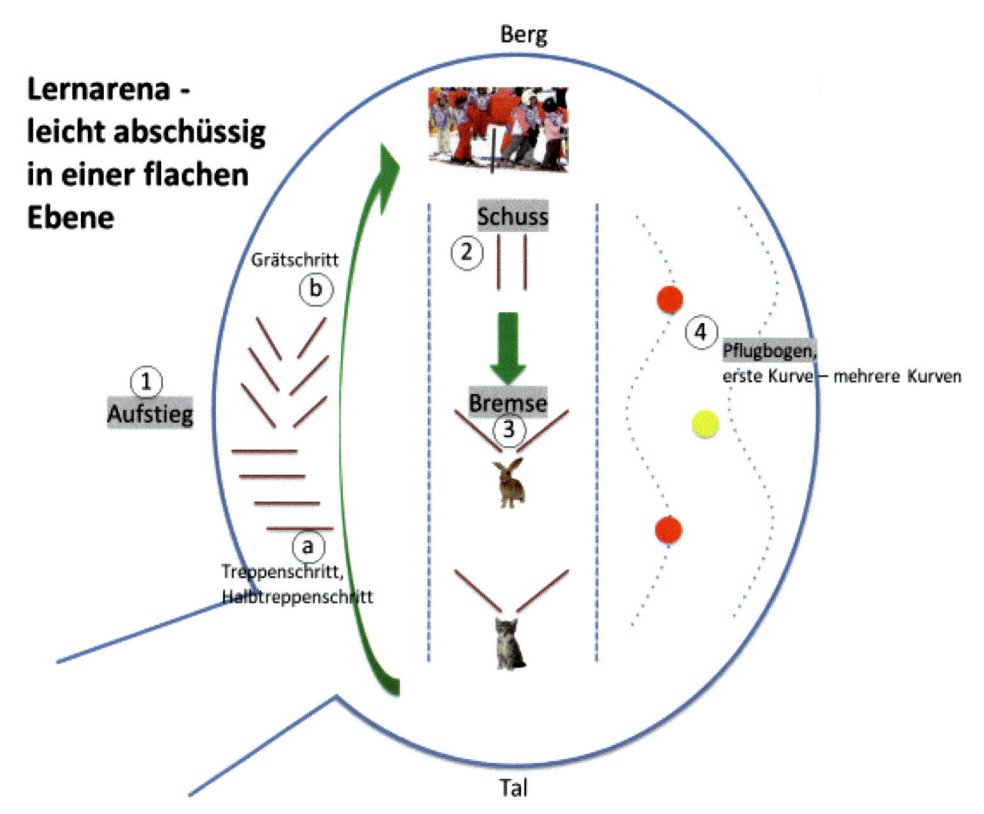

Weitere Vorgehensweise – ab dem 2. Skitag

Bremsverstärker
Z. B. Aufgabe: die Hütchen zur Seite schieben (Vergrößerung der Pflugstellung, des Aufkantwinkels) Technik: die Ferse wird nach außen geschoben, leichter Knie-Knick

Ergänzende Lernschritte

Aufstehen nach einem Sturz – Notsturz:
- Sich bewusst – im Spiel – zum Berg hinfallen lassen
- Sich über dem Bergski zusammenkauern und krabbelnd aufrichten, den Talski wegschieben

Braquage
Während der Fahrt die Skier plötzlich quer stellen, sich gegen die Fahrt stemmen – die Kanten in den Schnee stemmen, bis zum Stillstand, die Skier bleiben in der Spur.

Wichtige Tipps
- Zwischendurch eine kurze Pause einlegen, Kinder erholen sich schnell,
- Vielleicht eine Thermoskanne Tee mitbringen
- Toilettengänge einrechnen
- Der Skilehrer/die Skilehrerin leistet immer wieder Fremdhilfe, in Augenhöhe – wir sind Kavaliere, unnötigen Kraftverschleiß bei Kindern vermeiden – Blockade-Situationen sofort auflösen

Nächste Lernschritte, Ziel: Basisdrifter*
- Spielschwünge nutzen
- Pflugbogen aneinanderreihen, die Kurven verbinden, mit Blockdrehen
- Künstliche oder natürliche Geländeformen nutzen, kleine Sprünge wagen, über Wellen fahren
- Den Zauberteppich nutzen – sowie die erste Liftfahrt vorbereiten

*Basisdrifter: der erste Parallelschwung nach Ablauf der Bogenschule – mit driftendem Verlauf

Weitere Vorgehensweise: siehe Überblick Spielschwünge/Lernsituationen

Pflug – die Technikbeschreibung (vgl. W. Kuchler, SPORTS-Lehrplan 2020)

Klassischer Pflug – Merkmale

- Großzehen drängen und halten die Skispitzen zusammen
- Die Fersen schieben und halten die Ski-Enden auseinander
- Die Knie drängen nach innen und zwingen die Ski auf die Innenkanten

Kinderpflug – Merkmale

- Die Sprunggelenke sind aufgerichtet
- Die Körperposition ist aufgerichtet
- Fersenbelastung
- Leichtes Anlehnen hinten an den Schuhschaft

In dieser Pflugstellung können die Ski nicht stark aufgekantet werden. Deshalb ist die Bremswirkung auch geringer.

Viele kleinere Kinder fahren in der Fahrstellung „Kinderpflug" Schuss. Es ist erstaunlich, welche Geschwindigkeiten und welche Fahrsicherheit sie dabei erreichen.

Durch den „Pedalo-Effekt" – die Gewichtsverlagerung auf die Skienden und der Entlastung der Skispitzen sowie durch die Verlagerung des Körpers zur Innenseite (Kippen) wird das Kurvenfahren begünstigt.

Auch sehr kurze Schwünge werden spielend gemeistert.

Der Kinderpflug moderat: ausgeführt mit der Aufgabe „Hände auf die Knie"

Ziel: Kompaktheit und Sicherheit schaffen.

Die direkte Methode zum parallelen Bogenfahren
Das SPORTS – Anfängerkonzept
Einstiegsmodell für Kinder ab ca. 6 Jahren – ideal auch für Jugendliche und Erwachsene

Das Besondere

Der effektive Weg über das Schussfahren zum parallelen Bogenfahren – ohne Pflugstellung!

Notwendig – Voraussetzung

Die richtige Skilänge (vgl. die Empfehlungen). Ski, die sich durch die Kürze leichter händeln lassen.

Ziel

Die Anfänger gewöhnen sich die „Dauerpflugstellung" nicht erst an. Sie fahren von Anfang an mit parallelen Skistellungen! Sie bewältigen mit rhythmischen Schwüngen relativ schnell auch steilere Hänge. Sie fahren in kurzer Zeit den Basiscarver-Schwung, sie sind eher Skifahrer!

Geeignet – meist ab 6 Jahren, vereinzelt bereits ab 4 Jahren möglich

Kinder ab ca. 6 Jahren, aber auch Jugendliche und Erwachsene können so spielend schnell und einfach ganz schnell „Skifahrer" werden. Die Kinder müssen für diese effektive Methode altersgerechte sportmotorische Fähigkeiten mitbringen.

Vereinzelt haben wir mit dieser Methode auch schon mit Vierjährigen sehr gute Erfahrungen sammeln können.

Voraussetzung

Einsatz von kurzen Kinder-Carvern, keine „Rutschbretter" nutzen!

Der Carver-Ski-Effekt: mit Hilfe der Autokinetik der taillierten Kinder-Carver entsteht ein „Carver-Schwung", ein auf den Kanten durch die Kurve gleiten – unterstützt durch leichtes Drehen und leichtes Aufkanten mit Kniekurbel.

Auf ganz kurzen Ski finde ich mein Gleichgewicht – die Taillierung hilft mir etwas

Der methodische Weg – Kurzfassung der direkten Methode, ohne Pflugschwung!

Vorbereitungen

- Orientierung Gelände
- Treffpunkte festlegen, Übergabevereinbarung mit Eltern
- Geräteüberprüfung Ski, Skischuhe, Kleidung – ohne Stöcke
- Aufbau der Lernarena (einfache Struktur reicht – gesichert, abgesperrt)

Start – die Elementarschule – spielend vermittelt

- Erwärmung, z. B. über den Lernschritt Gehen hin zum Gelände
- mehr spielend oder zeitlich effektiv
- Tragen der Ski, Einsteigen, Aussteigen, Funktionsweise Bindung kennen lernen
- Gehen, Wenden, Umtreten
- Aufsteigen mit Stapfschritt, Grätenschritt, Treppenschritt und Halbtreppenschritt
- Schussfahren mit Schuss-Spielen, mit verschiedenen Körperhaltungen und Gewichtsverlagerungen

> **Inhalte der Elementarschule werden täglich immer wieder geübt.**
> **Z. B. Stürzen / Aufstehen, Bogentreten, Schlittschuhschritt**
> **– in das Aufwärmprogramm einbauen.**

Die erste Kurve – bergwärts, links und rechts herum, im auslaufenden Gelände

(die Lerngruppe hält ohne Bremsverstärker an)

- Durch Gewichtsverlagerung, Neigung des Körpers in die neue Richtung, Verlagerung nach innen, Übertreibung durch starkes Hineindrehen vermeiden(der Unterschied zu klassischen Methoden mit Betonung der Bewegung nach außen, z. B. in der Schrägfahrt)

Schrägfahrt, Pflügen, Bremsen – evtl. neues Gelände

- Pflug im Stand, im flachen Gelände
- Wechsel zwischen Schussfahren und Pflug
- Bremsverstärkung durch Verbreiterung der Pflugstellung
- Schrägfahrt einführen, je nach Geländewechsel einbauen, die Schrägfahrt durch Kurvenfahrt beenden

Vorübungen erste Liftfahrt
- Evtl. Einsatz von geliehenem Anker oder mit Stöcken ziehen lassen (Simulierung der Auffahrt)
- Besprechung Einstieg, Ausstieg, Hinweise bei Stürzen in der Liftspur
- Einnahme der Liftfahrhaltung

Kurvenfahren – die ersten kleinen Schwünge über die Falllinie, z. B. mit Spielschwüngen
- „Die Post" wird übergeben
- Der „Flieger"
- Der „Gorilla"
- „Zeige mir den Weg"
- Einsatz Lenker, Motorradfahren...

Ein beispielhafter Ablauf wird detailliert im Anhang vorgestellt:
„Ein Bildprotokoll – ein typisch erster Skitag".
Nächste Lernschritte: siehe Überblick Spielschwünge / Lernsituationen

Voraussetzungsmerkmale für jüngere Kinder, ab ca. 4 Jahren

- Die Kinder können sich selber die Handschuhe anziehen.
- Sie sind bereit, ohne Eltern in einen Gruppenkurs zu gehen.
- Motorischer Test: sie können einbeinig Hüpfen – sie nehmen jede Stufe einer Treppe direkt, ohne ein Bein nachzuziehen.

Ein Gruppenkurs mit z. B. 7 Kindern, Jugendlichen funktioniert meist ab ca. 6 Jahren.

Mit Vierjährigen bedarf es einer kleineren Gruppe mit individueller Betreuung – d. h. Einsatz von 2/3 Skilehrern.

Mit dem „Zauberteppich" komm ich ganz leicht nach oben

Die „richtige" Skilänge – eine gute Ausrüstung

vgl. S. 15: Alles ist „kindgerecht"

Der „schnelle und einfache" Weg funktioniert nur gut mit der richtigen Ausrüstung. Die Länge der Ski ist entscheidend.

Mit zu langen „Latten" kommt jeder Anfänger schwieriger zum Kurvenfahren, denn die Körperaktionen müssen viel intensiver gestaltet werden. Dazu lehnt sich der Anfänger mit den „Latten" gerne nach hinten, um eine Stütze zu finden. Hier findet er nur bedingt Halt, da die Kante nicht greift und der Ski rutscht.

Eine mittlere Position, eine Gleichgewichtsposition, wird nicht gelernt. Über die Skischaufel kann der Ski mit dieser Dauerrücklage nur schwierig drehen.

Das Bogenfahren in einer „Dauerrücklage" über die Pflugstellung erfolgt dann durch den sogenannten „Pedalo-Effekt". Das sieht zwar mit den Kleinsten oft sehr gut aus, jedoch erhöht sich die Lernzeit enorm. Das Umlernen stellt sich immer wieder als schwierig heraus. Das Ziel, sicheres Kurvenfahren in paralleler Skistellung zu ermöglichen, wird eher später erreicht.

> Durch die kürzeren Kinder-Lern-Carver können sich die Kinder nicht zurücklehnen, sie würden umfallen. Auch in diesem Alter haben viele Kinder bereits genügend Körperbeherrschung (Kraft, Koordination), um mittig über den Ski zu bleiben, das Gleichgewicht zu finden.

Tipps zur richtigen Skilänge – für Einsteiger

- Kleinere Kinder: max. Brusthöhe (70er – 90er)
- Größere Kinder: Kinderski in Brusthöhe bis Achselhöhe (90er bis 100 cm)

  Bei Anwendung der „Direkten Methode" – ohne das Lernen über die Bogenschule:
- Kräftigere und größere Kinder, Jugendliche / Erwachsene: Shorties mit Sicherheitsbindung (99er) oder besser die 130er Lerncaver, auch für Wiedereinsteiger am ersten Skitag prima anzuwenden

  Beim klassischen Weg über die Bogenschule – den Pflugbogen
- Bei kräftigeren und größeren Kinder, Jugendliche / Erwachsene: hier werden meist etwas längere Ski gewählt (140er, 150er), längere Ski wirken stabiler und unterstützen die Sicherheit, jedoch wird die Findung der Mittellage weniger gefördert, der Weg hin zum Basis-Parallelschwung ist länger

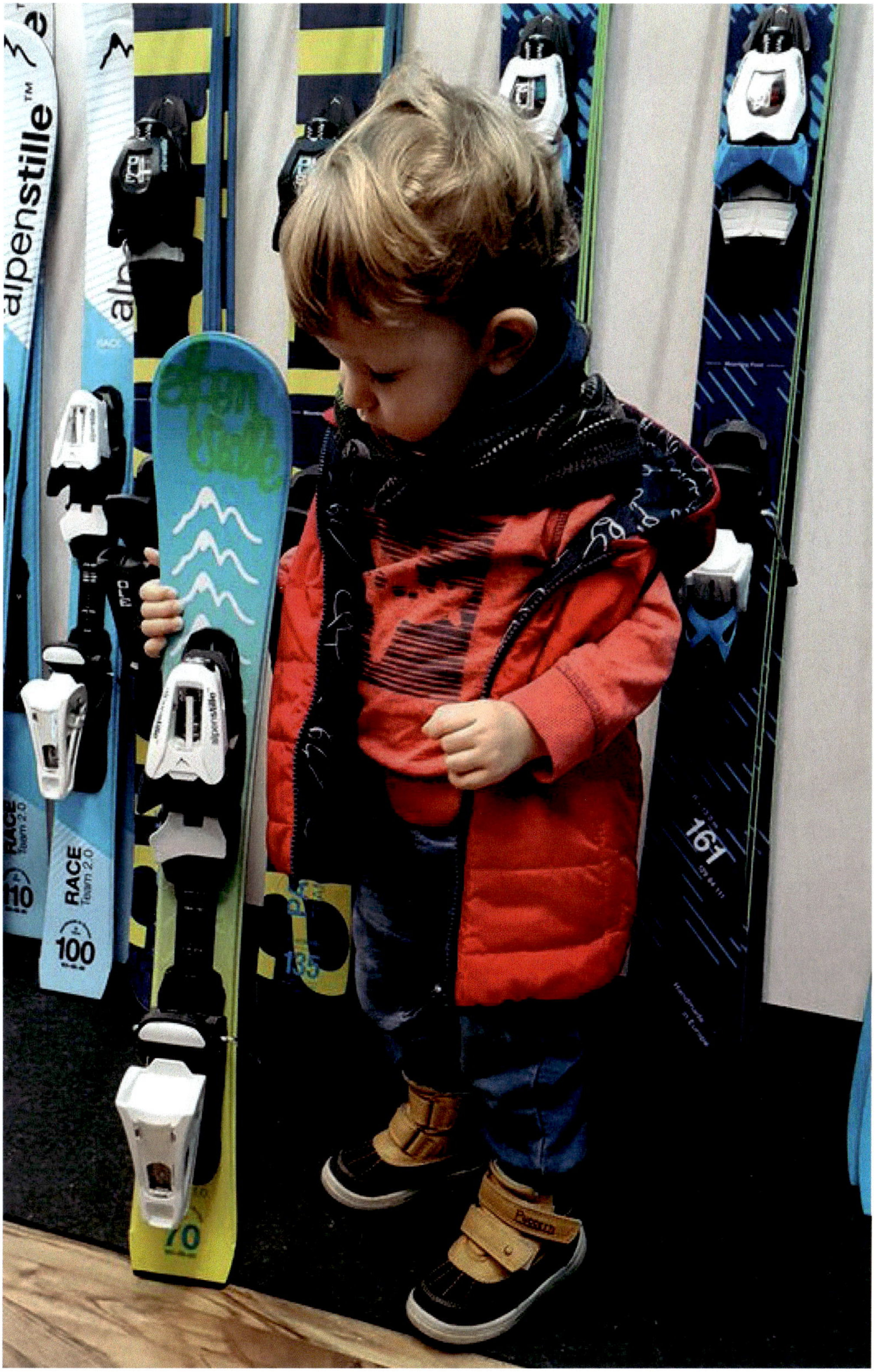
alpenstille™
RACE
Team 2.0
110
RACE
Team 2.0
100
135
161
70

Empfehlung für Erwachsene

Für Einsteiger und Wiedereinsteiger – bei existierenden, grundlegenden motorischen Fähigkeiten:

Auch Erwachsene können mit Shorties oder besser mit 130er-Lernski spielend einfach, sicher und ganz schnell „Skifahrer" werden. Die 130er-Lerncarver steuern besser als die Shorties – der Kantengriff kommt direkter, das Kurvenfahren und das Tempofahren ist wesentlich stabiler.

Mit Shorties fahren – ein interessanter Trainingseffekt

Gleichgewicht finden – Körperspannung erhöhen – Sensibilisierung aller Körperkräfte

Kurvenlage einnehmen: „da ist mein …-Schatz – wo ist mein Schatz" oder „zeige mir den Weg"

Zusammenfassung zum Lernkonzept „Direkte Methode"

Warum das Lernen schneller, einfacher und sicherer funktioniert

Die richtige Balance – die Mittellage – wird sofort selbstständig gesucht und eingenommen. Vorsichtige Vor- und Rückbewegungen geben den Schüler sofort eine Rückmeldung: Bis hierhin und nicht weiter! Der Gleichgewichtssinn stellt sich schnell auf diese Anforderung ein. Folge: Die Schüler haben an den nächsten Tagen und Wochen nicht das Problem mit der „Dauerrücklage". Neben der Anregung des Gleichgewichtssinns wird die Körperspannung verstärkt genutzt.

Weitere Prinzipien:
- Pflugdrehen ist so überflüssig, eine Betonung von Pflugfahren ist unnötig. Das ist der einfachere Weg zum „Skaten", zum Kurvengleiten auf der Kante.
- "Kinderleicht" lernen Kinder über Bewegungsaufgaben eingerahmt in Bildgeschichten und Spielschwüngen

Wichtig – der Bremspflug

Der Bremspflug muss aus Sicherheitsgründen eingeführt werden.

In schwierigen Situationen setzt das Kind auch „automatisch" den Pflugschwung ein, er muss jedoch nicht besonders geübt und damit eintrainiert und ständig angewendet werden.

Vorrangige Ziele:
- Der Schüler soll von Anfang an eine Mittellage einnehmen! Dadurch sind die Rutschphasen geringer, es wird mehr aufgekantet.
- Die Gleichgewichtssinne und die Körperspannung werden verstärkt angeregt.

Grundlage für das Umsetzen der Methode für Kinder sind entsprechend entwickelte motorische und koordinative Fähigkeiten.

Das richtige Gelände
Ganz flacher Hang mit Auslauf oder mit leichtem Gegenhang.

Organisationsform
Umlaufbetrieb – ideal für Differenzierung.

Problem Übermut
Durch den schnellen Erfolg wird im Unterricht oft ein zu hohes Tempo erzielt – die kurzen Lernski sind dann nicht stabil genug.

Stürze und sogar Verletzungen sind oft die Folge. Die Organisation und Durchführung des Unterrichts muss entsprechend diszipliniert erfolgen, die Sicherheitsprobleme müssen bewusst sein. Das Spurlegen des Skilehrers und die Tempokontrolle haben deshalb großes Gewicht.

Der Wechsel auf den längeren Ski – die „alte Erfolgsmethode" mit den ansteigenden Skilängen

Aus der obigen Problematik ergibt sich eine spannende Frage. Ab wann ist es sinnvoll, auf einen längeren Ski zu wechseln? Die Erfahrungen zeigen, dass normal sportlich begabte Erwachsene und Jugendliche ungefähr ab dem dritten Tag auf einen längeren Ski wechseln sollten (Erwachsene 140er, mit starker Taillierung). Sobald das Tempo erhöht wird, soll der längere Ski für mehr Fahrstabilität sorgen.

Der fortgeschrittene Anfänger kann auf seinem Niveau in kritischen und temporeichen Momenten nicht entsprechend den kurzen Ski beherrschen. Die Unfallberichte bestätigen diese Erfahrung. Für nicht so begabte Erwachsene und ältere Kinder sollte die Skilänge nur vorsichtig gesteigert werden (125/130er Lernski).

Jüngere Kinder unter 8 Jahren erreichen meist nicht das „jugendliche" Tempo. Die Kinder sollten auf ihrem optimalen Lernski bleiben (immer mit Sicherheitsbindung). Im zweiten Jahr/ in der zweiten Woche Skikurs sollte die Skilänge auf 110er bis 120er erhöht werden (Körperwachstum ist zu beachten).

Vielseitiges Üben mit Spielanimationen führt zu Flexibilität

Spielschwung „Die Post geht ab"

Kapitel 5

Lernprogramm ab dem 2. Skitag
Spielschwünge – eingebettet in Lernsituationen, Übungssammlung

Die nächsten Lernschritte

- Grundsätzliches:
  das Lernen über Lernsituationen, über Spielschwünge sowie die Förderung von Basiskompetenzen

- Bildhafte Vorstellungen – Lernen über Spielschwünge und bildhafte Vorstellungen, weniger über komplizierte Bewegungs- und Körperhaltevorschriften

- Planmäßiges Vorgehen nach dem ersten Skitag – Förderung von Basiskompetenzen

  Beispielhafte Lernsituationen

  - Kurven fahren, Betonung „Drehen"
  - Kurven fahren, Betonung „Kippen"
  - Kurven fahren, Betonung „Strecken – Beugen"
  - Mein Geheimweg
  - Der erste tiefere Schnee
  - Funpark

- Weitere Lernsituationen besonders für Jugendliche geeignet
  Zielsetzung: Entwicklung hin zu höheren Fahrformen

- Förderung von „Elementaren Fähigkeiten"

Einer der schönsten Trainings-Spielschwünge: der „Flieger" – hier in der Abfahrt Tsarva, Grimentz/Wallis

Grundsätzliches

Warum ist das Lernen über Lernsituationen sinnvoll?

Das „klassische Lernen" (bis in die 1980er Jahre) erfolgte meist über das Lernen über Unterrichtsreihen. Eine Übungsreihe ist eine Abfolge von Übungen mit jeweils höherem Anspruch und soll zur Zielform einer Technik führen.

Beim Lernen über Übungsreihen werden häufig die Zwischenübungen sehr anspruchsvoll geübt und gewinnen dabei an Wichtigkeit. Die Teilbewegungen werden zergliedert, um immer wieder die Teilbewegung zu wiederholen.

Die Gesamtheit der Bewegungsabläufe wird weniger einbezogen. Variationen werden auch bei Veränderungen von Umgebungsbedingungen nicht zugelassen und als Fehler betitelt. Die Lernenden werden nach einem starren Schema geschult, egal ob wir uns auf einer eisigen Piste oder im weichen, aufgeworfenen Schnee befinden.

Wir bevorzugen das Lernen über Lernsituationen. Dabei werden die Basiskompetenzen gezielt geübt. Variationen werden zugelassen und das situative Lernen soll die Selbsterfahrung anregen.

Zum Lernen über Lernsituationen gehören vor allem das Lernen über Spielschwünge und die gezielte Förderung von „Elementaren Fähigkeiten". Die Entwicklung der „Technischen Fertigkeiten" soll dabei nicht in den Hintergrund treten.

Bildhafte Vorstellungen – Lernen über Spielschwünge und bildhafte Vorstellungen, weniger über komplizierte Bewegungs- und Körperhaltevorschriften

Über den methodischen Weg „Lernen über Lernsituationen" bevorzugen wir das Lernen über die Bildersprache und lernen mit Spielschwüngen. Bildhafte Vermittlungen erleichtern enorm das Lernen, insbesondere im Alter von 7 bis 10/11-Jahren. Aber auch Erwachsene spielen mitunter gerne!

Die Spielschwünge können unterteilt werden in

Spielschwünge zum Spielzweck oder vielleicht mehr
Zur Erheiterung, z. B. Kuriositäten, um die Freude zu stärken oder auch um starre Verhaltensmuster aufzulösen:

- Elefantenschwung – mit einem langen Rüssel und Trompetengeräuschen
- Gorilla – die Arme werden impulsgebend zur Seite geschwungen
- Boxer – ein Aufwärtshaken der schwungäußeren Hand leitet den Schwung ein
- Der „JA-WOLL Herr Lehrer!" – ein deutlicher Salut an den Oberlehrer, wie der Boxer, nur mit mehr Ehrfurcht ausgeführt
- Geier – mit weiten und kräftigen Flügelschlägen
- Golfer – mit beiden Skistöcken einen Probeschlag simulieren, der Schlag in die neue Richtung
- Paarlauf – Händchen halten und die Spur halten
- Sturzspiele – u. a. der Wurmturn/Bauchwälzer, sich zum Berg hin ablegen und über den Bauch eine 180 Grad-Wende vollziehen

Spielschwünge zum Training
Zur gezielten Verbesserung des Skifahrkönnens, z. B.:

- Verschiedene Kippschwünge, u. a. der Flieger oder der „Pirmin" (die Talhand hält oben die Balance)
- Kamelleschwung – hoch auf dem Wagen mit beiden Händen in die Kamelle greifen und weit in die Menge werfen, mit lautem Zuruf „Kamelle"
- Bobby – Car oder Motorradfahren – sich wie beim Motorradfahren in die Kurve legen
- Schaukelschwung – wie beim Schaukelstuhl bewegt man sich vor- und rückwärts, sich mit beiden Händen in Richtung Schaufel bewegen und anschließend über eine mittlere Position leicht nach hinten lehnen, ein wunderbarer weicher Schwung
- Murmeltierschwung – die Murmeltiere richten sich mit Antizipation weit auf, um Greifvögel zu sehen, bei Gefahr duckt sich das Murmele schnell in Richtung Erdgang
- Kellner – ein Tablett wird vorsichtig durch das Restaurant getragen, Auslösung mit Antizipation oder mit ausgeprägter Drehung talwärts von Armen und Körper

- Die Post kommt an – für die Verbesserung von Innenskibelastungen, das Postpaket wird abwechselnd bergwärts abgestellt

- Oh, bin ich schön – der Schönheitsschwung, besonders beliebt angewendet unter einem Sessellift,

- ein Antizipio, in eine Richtung tönt es: „oh – bin ich schön", zur anderen Seite: „sehen es alle", das gleiche als Panoramaschwung oder alternativ als Schatzschwung beliebt: „wo ist mein Schatz/Goldschatz – dort ist mein Schatz"

- Rebounder-Schwünge – mit Nutzung von Geländeunebenheiten, ein Druckverstärken, dazu werden Rückschlageffekte genutzt, diese Schwünge gehören auch zur Meisterklasse

- Wedeln mit Kniespiel, mit Hoch-tief-Bewegung, die hohe und traditionelle Kunst des Skifahrens

- Carver-Kurzschwung – immer in tiefer Position – die Hände fliegen von einer zur anderen Seite

- Verschiedene Abfahrtspositionen -Position Ei, Position Rakete etwas gestreckter oder die Bereitschaftsposition, falls das Gelände sehr unruhig wird

- Alle Arten von Innenski – Schwüngen

- Der „360er" – die Krönung aus der Meisterklasse, „wer schafft 360 Grad oder auch mehr, wer schafft 300 Grad

- Der Pirat – gezielt auf harten und eisigen Pisten fahren, das Messer zwischen den Zähnen packen

„Motorradfahren", immer in tiefer Position Kernbewegung Kippen

Eine Variante vom „Kellner". Kernbewegung Strecken/Beugen und das Betonen von Antizipation

Gehört auch unbedingt zum Training

Slalom fahren
Dem Rennlauf nacheifern, für alle Altersstufen interessant, insbesondere für sportliche Jugendliche, zur Heranführung ist ein schrittweises Vorgehen zu empfehlen, zum Anfang muss sich ein Erfolg einstellen, einfache Carver-Slalom-Strecken mit Bojen (z. B. Smarties) sind bereits für Einsteiger hilfreich, mit Könnern sollte eher mit RS – Strecken begonnen werden

Ski – Crossfahren
Auch ein Spiel mit hohem Trainingseffekt, viele Skigebiete bieten abgesicherte Cross -Abfahrten an, die Disziplin Ski – Cross bietet viele sportliche Reize und stellt eine Verbindung aus verschiedenen alpinen Rennanforderungen dar

Kunststücke
Die beides – das Spielen und Trainieren – verbinden, z. B.:

- Spitzkehre – eine Basisfertigkeit, um zum Beispiel im schwierigen Gelände die Richtung zu wechseln

- Rückwärtsfahren – im flachen Gelände ohne Bogen

- Kurven rückwärtsfahren, als Pflugbogen mit Blick über die Außenschulter oder als Parallelschwung ohne Wechsel der Kopfstellung

- Walzer – sich beschwingt um die eigene Achse drehen, hier wird das Umkanten und Flachstellen der Ski hervorragend trainiert, beliebt auch als Duett, ein Tanz mit der/m Partner*in

- Funcarven (z. B. mit der Hand in den Schnee greifen), gemeinsame Chorografien

- Verschiedene Geländesprünge

- In Bereitschaftsposition, für alle Lagen gewachsen, die Arme werden zum Ausgleichen weit geöffnet, Abfahrtssprung in Ei-Position, Hocksprung, Grätschsprung, Vorabsprung als verkürzter Sprung, Kicker – einfach durch die Luft fliegen

Funpark – auch ein Muss für Kinder und Jugendliche (vgl. Lernsituation Funpark), gerade hier werden Kunststücke und Training verbunden

Um starre, oft eingeübte Verhaltensmuster aufzubrechen sind Spielschwünge, auch vollzogen mit Übertreibungsbewegungen, ideal.

Wagnis: die erste Schussfahrt in den Neuschnee

Variante „‚Bobby-Car" – ein moderner Schwung Kernbewegung Drehen

Spiel „Kutscher" oder als „Sanitäterschwung einfach kurios und immer wieder beliebt "

Der „Kellner", servieren – warten – schwingen zum Erlernen der Antizipation oder Anwendung ohne Antizipation, ganz vorsichtig zur Förderung einer „Frontalen Position"

Der „Elefantenschwung" – mit dem Rüssel schwingen, einem Kinderspiel entlehnt Kernbewegung Strecken/Beugen

Planmäßiges Vorgehen nach dem ersten Skitag – Förderung von Basiskompetenzen

In unserem Praxis-Handbuch beschreiben wir zwei unterschiedliche Anfängerkonzepte, die in Abhängigkeit der Lerngruppe Anwendung finden können. Der „erste Skitag" wird im jeweiligen Einsteigerkonzept detailliert beschrieben.

Auf der Folgeseite zeigen wir in einer tabellarischen Übersicht, wie eine planmäßige Vorgehensweise für eine Skiwoche systematisiert werden kann.

Die „Förderung von Basiskompetenzen" wird eingeteilt in:

a) **Grundlegende „Technische Fertigkeiten", motorische Grundlagen**

   z. B. Halbtreppenschritt, Schlittschuhschritt

b) **Elementare Fähigkeiten und Fertigkeiten**

   z. B. Körperspannung, Gleichgewichtsfindung, Fußgefühle (Flex-Rebound-Prinzip), emotionales Skifahren, Orientierung im Schnee

c) **Ergänzende Basiskompetenzen, eine Hinführung zur „Meisterklasse"**

   z. B. Funcarven, Tempoerhöhung, Kurvenlageerhöhung, 360er-Kurve

Den Begriff „Elementare Fähigkeiten" hat bereits Walter Kuchler 1981 in einem Aufsatz „Vom Gängelband zur Selbsterfahrung" für den Skilauf aufgegriffen und beschrieben. Eine Auflistung erfolgt am Schluss des Kapitels.

Beispielhafte Wochen – Übersicht über Lernsituationen/Unterrichtssituationen

Anwendungsmöglichkeit

Der/die Skilehrer*in stellt einen Wochenplan auf. Zum Beispiel kann so pro Halbtag eine ausgewählte Lernsituation eingeplant werden:

	Übersicht Methodik Ausbildung zum SPORTS Kinder- und Jugendskilehrer				
Einsteiger **Erster Skitag**	Über Lernsituationen die Basiskompetenzen fördern **anwenden – üben – variieren** – durch situatives Lernen die Selbsterfahrung anregen –				**Sportlichkeit** **erhöhen**
Der klassische Weg über den Pflugbogen	Grundlegende „Technische Fertigkeiten"	Schrittformen	Bremsen verstärken	KOMPAKTE HALTUNG	KURVENLAGE ERHÖHEN Beschleunigung Tempoerhöhung
		KURVEN FAHREN über Kippen sowie über Drehen und Strecken/Beugen		DIE RICHTIGE POSITION FINDEN	
Die „Direkte" **Methode** zum parallelen Skifahren – die SPORTS-Kurzskimethode	Elementare Fähigkeiten und Fertigkeiten – spielend lernen	GLEICHGEWICHT VERSTÄRKEN	UNTERSCHIED- LICHE SKISTELLUNGEN AUSPROBIEREN	BELASTUNG VARIIEREN	RACECARVEN
		EINGESCHLIFFENE DAUER- PFLUGSTELLUNG ABBAUEN		KÖRPER- SPANNUNGEN erspüren/ verändern	
Schnell Lernen über **Parcours,** einfach und schnell aufgebaut		MEIN GEHEIMWEG AM PISTENRAND	TEMPO- GEWÖHNUNG	DER ERSTE NEU- SCHNEE AUF DER PISTE	FUNCARVEN
	Ergänzende Basiskompetenzen	SKITRICKS – SPIELEND LERNEN	SLALOM – KURVENFAHREN	FUNPARK	WEITERE PROGRAMME
Tagesziele – Schussfahren – Erste Kurven – Bremsen – Erste Liftfahrt	Weiteres Vorgehen nach dem ersten Skitag: ➡ Wochenprogramm **Basiskompetenzen fördern** systematisch und aufbauend angewendet				

LERNSITUATION

Kurven fahren – Betonung Kernbewegung Drehen

Durch das Kurven fahren wird das Tempo kontrolliert – am Ende kommt man zum Stand.

Beschreibung

Die Bewegung „Drehen" löst einen Bewegungsimpuls aus, der sich auf das Aufkanten des Skis auswirkt.

- Der Oberkörper dreht sich in Richtung der neuen Kurve, einzelne Körperteile werden um die Körperachse bewegt.
- Für einen größeren Bewegungsimpuls ist eine Ausholbewegung mit Arm und Schulter z. T. sinnvoll.
- Der Einsatz von Spielgeräten (Lenker) unterstützt die Bewegung.

Spielschwung: Bobbycar

Bewegungsaufgaben

- Den Lenker fest anfassen – die Hände führen dein Steuerrad in die Kurve
- Fahre wie mit dem „Bobbycar"
- Steuere jeweils die bunten Smarties (Bojen) an, erst die blaue Boje, dann die gelbe Boje

Lernziel

- Kurvenfahren einleiten lernen, Tempo regulieren und anschließend stoppen können

Zielgruppe

altersübergreifend, Schwerpunkt jüngere Kinder 4-10 Jahre

Anwendung/Gelände

ab dem ersten Skitag einsetzbar Gelände ganz flach, in einer Ebene auslaufend

TIPP

Die Vielzahl von Bewegungsvariationen und Kurvenlinien zulassen – vielleicht benötigt das Kind ein Vorbild zur Nachahmung – ein zusätzliches „Anfeuern" hilft meistens, um die Bewegungsaufgabe zu verstärken – am Anfang ist evtl. je nach Geländeform ein leichtes Auffangen sinnvoll – das erste Bremsen/eine Tempodrosselung wird über einen Schwung bergwärts ermöglicht.

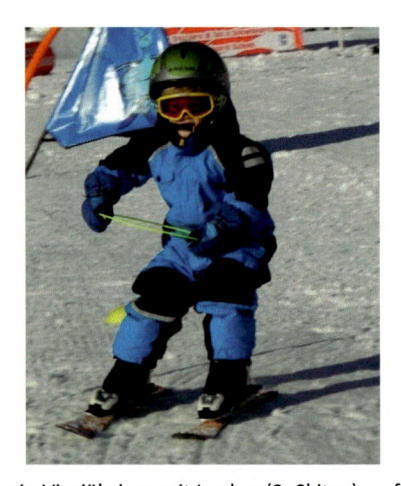

Bild: ein Vierjähriger mit Lenker (2. Skitag), auffällig gute Aufkantung, Innenbein stärker gebeugt, keine Pflugstellung

LERNSITUATION

Kurven fahren – Förderung der Kernbewegung Kippen

Durch die Bewegung Kippen/Knicken wird das Kanten unterstützt
- Das Kippen beschreibt z. B. eine Gewichtsverlagerung (gesamter Körper) seitwärts
- Entweder entsteht ein Ganzkörperkippen oder ein Körperteil – z. B. die Hüfte – unterstützt mit einem Hüftknick die Stabilität der Gewichtsverlagerung, bekannt ist auch der Knieknick

Spielschwung: Flieger, der „Pirmin"

Bewegungsaufgaben
- Wir fahren den „Flieger", wir schweben durch die Winterwelt
- Variation: Segelflieger mit weiten Schwüngen
- Variation: Tieflieger, in tieferer Position mit kürzeren Schwüngen
- Wie der frühere Rennfahrer „Pirmin" fahren, die Talhand wird zur Gleichgewichtsfindung weit nach oben gestreckt, die Berghand taucht in Richtung Schnee – ein rasanter Schwung

Lernziele
- Kurvenfahren soll leichter eingeleitet werden.
- Durch die deutliche Gewichtsverlagerung soll die Kantenbelastung erheblich erhöht werden.
- Durch das Kippen wird die Kurvenlage verstärkt, mehr Wagnis soll eingesetzt und erlebt werden.

Zielgruppe
altersübergreifend ab 6 Jahren bis zu „Senioren" beliebt

Anwendung
ab dem ersten Skitag einsetzbar, besonders geschätzt bei Jugendlichen

Mit viel Tempo den Berg wieder hinaufgleiten, carven „Wer kommt am höchsten aus"?

TIPP
Je nach Alter/Bewegungserfahrung entstehen auch hier Bewegungsvariationen – eine Vielfalt von Bewegungsimpulsen können zugelassen werden – die Fliegerposition wird durch Kommandos angeregt – neben dem „Flieger" gibt es eine Vielzahl von Spielschwüngen, die das Kippen fördern.

LERNSITUATION

Kurven fahren – Förderung der Kernbewegung Strecken/Beugen

Durch die Bewegung Strecken/Beugen wird die Entlastung unterstützt
- Das Strecken/Beugen beschreibt das Wechselspiel zwischen tiefer und hoher Position (Hoch-Tief-Bewegung) und ist mit der Funktion belasten/entlasten verknüpft.
- Sich mit fast gestrecktem Körper in die neue Kurve legen, in der Steuerphase erfolgt das Beugen, das Tiefgehen.
- Durch eine enorme Streckbewegung werden die Ski entlastet und es erfolgt ein einfaches Umkanten – ein Flachstellen der Ski – für die Einleitung in die neue Kurve mit anschließendem Druckaufbau durch das Beugen, das Tiefgehen.

Spielschwung: Kamelle, Elefantenschwung, Hopser

Bewegungsaufgaben
- Wir fahren den „Kamelleschwung"
- Variation: Elefantenschwung, ein kurioser Schwung, einem Kinderspiel entlockt
- Variation: Hopserschwung oder Kängurusprung mit den Phasen: Vorbereitungsphase, Absprungphase, Flugphase und Landephase Für die Sprungform können verschiedene Geländeformen genutzt werden (Wellen, Kuppen)

Lernziele
- Durch die deutliche Entlastung soll das Kurvenfahren leichter eingeleitet werden.
- Durch die Betonungen des Körpereinsatzes werden starre Formen aufgelöst.

Zielgruppe
altersübergreifend

Anwendung
ab dem ersten Skitag einsetzbar ab 6 Jahren bis zu „Senioren" beliebt.

Der Kamelleschwung
Es ist Karneval – der Prinz „kütt" – hoch auf dem Wagen, er greift tief in die Kamelle und wirft in der Streckphase die Kamelle zu beiden Seiten ins Publikum.

„Arme in die Höhe, in den Himmel strecken – und dann ganz tief eintauchen..."

TIPP
Der Skilehrer sollte beim Vormachen die Bewegung sehr deutlich zeigen – neben dem „Kamelleschwung" gibt es eine Vielzahl von Spielschwüngen, die das Strecken/Beugen fördern.

LERNSITUATION

„Mein Geheimweg"

Die natürlichen Parcours nutzen
- Den Rand der Piste, den Raum nutzen
- Über Wellen und durch Rinnen fahren
- Durch die Bobbahn fahren

Bewegungsaufgaben
- Knapp hinter dem Skilehrer fahren, dranbleiben
- Die Stöcke fest greifen
- Die Hände vorne lassen, evtl. auf die Knie legen oder zur Gleichgewichtsfindung seitlich ausstrecken

Spiel: zum Beispiel Bobbahn nutzen

Lernziele
- Standfestigkeit/Fahrtüchtigkeit im Gelände steigern, situatives Erlernen ermöglichen
- Gleichgewichtssinne und Körperspannung entwickeln
- Auflösung der Pflugstellung erreichen
- Erlebnisorientierung erleben mit Springen, Ausgleichen, ein Naturabenteuer erfahren

Zielgruppe
altersübergreifend, für Kinder besonders geeignet

Anwendung
bereits ab dem zweiten Skitag schrittweise nutzen

hier zusätzliche Förderung der Kompaktheit über einen „fallenden Rücken"	Waldwege sind spannend, bei dem Fünfjährigen baut sich stufenweise die Pflugstellung ab

Achtung: der „Jungwald wird geschützt"

TIPP
Eine breite Skistellung hilft (Standfestigkeit), eine verbale Vorgabe zu einer technischen Skistellung ist nicht hilfreich, der Skifahrer findet situativ seine eigene Lösung

LERNSITUATION

„Der erste tiefere Schnee auf der Piste – Neuschnee!"

Durch das Einfahren in den tieferen Schnee wird der erhöhte Schneewiderstand erfahren
- Schussfahrt in den Tiefschnee
- Einen gesicherten Rand der Piste nutzen, am besten soll der leicht tiefere Schnee zum Stoppen führen oder die Fahrt verlangsamen

Bewegungsaufgaben
- Wir fahren in den Tiefschnee (auf einer frisch verschneiten Piste)
- Jeder sucht sich eine eigene Spur
- Beim Einfahren den Körper leicht nach vorne bewegen (Hände nach vorne), beim Ausfahren den Körper leicht nach hinten neigen

Lernziele
- Die Standfestigkeit/Fahrtüchtigkeit wird erhöht
- Die Vor-/Rückbewegung als Ausgleichsbewegung erfahren
- Die Furcht vor dem Fremden wird schrittweise abgebaut bzw. durch eine evtl. Vermeidungsstrategie nicht aufgebaut

Zielgruppe
altersübergreifend, bei eher „vorsichtigen Fahrern" dosiert einsetzen

Anwendung
spätestens ab dem zweiten Skitag, immer wieder und steigernd

Mit Kindern und Jugendlichen gibt es meist keine Vorbehalte – der Jubelschrei ist programmiert, die Gruppe motiviert sich gegenseitig!

T I P P
Je nach Tüchtigkeit können erste Schritte zu einer Richtungsänderung führen, wir schreiten durch den Schnee: Hinaus gelangt man mit wenigen Schritten, die erste kleine Wanderung im tieferen Schnee – anschließend eine kleine Durchfahrt im Neuschnee, die möglichen Variationen der Pistenpräparierung nutzen.

Achtung: Tiefschneefahren abseits der Piste ist mit allen Zielgruppen nicht erlaubt – eben auch nicht mit Kindern!

LERNSITUATION

Die natürlichen Formen nutzen – „Funpark"

Die natürlichen Parcours nutzen oder einen Funpark
- Den Rand der Piste, die Räume nutzen
- Durch die Bobbahn faren
- Über Wellen und Rinnen fahren, springen...

Bewegungsaufgaben
- Knapp hinter dem Skilehrer fahren, dranbleiben
- Die Stöcke fest greifen
- Hände vorne lassen – evtl. auf die Knie legen

Lernziele
- Standfestigkeit/Fahrtüchtigkeit im Gelände erhöhen
- Gleichgewichtsinne sensibilisieren, Körperspannung erfahren
- Auflösung der Pflugstellung ermöglichen
- Erlebnisorientierung fördern mit Springen, Ausgleichen...
- Eigene Wege suchen lassen, offener Unterricht erleben

Zielgruppe
altersübergreifend

Anwendung
ab dem zweiten Skitag verstärkt nutzen

Er kann es perfekt: Hannes Hubli – unser langjähriger Ausbilder aus Oberiberg/Hoch-Ybrig, Schweiz

Weitere Lernsituation – folgende Themen bieten sich an

Besonders für Jugendliche – Zielsetzung:
Entwicklung höherer Fahrformen, ein bisschen Training

Lernsituation: Kunststücke

- Rückwärtsfahren
- Walzer
- Menschenslalom
- Springen
- Eine eigene Kür entwickeln und zeigen
- Formationsfahren
- 360er
- Slalom-, Bojenfahren
- Innenski-Schwünge

Lernsituation: Tempogewöhnung – rasant fahren

- Immer die gleiche Strecke fahren und schrittweise höher anfangen
- Die Körperposition variieren, von der Position Rakete bis zur Position Ei
- Mit Tempo lange RS-Schwünge ziehen
- Den Raum nutzen, von Rand zu Rand fahren, die ganze Pistenbreite
- Einen vorgegebenen Raum (einen großen Hang) z. B. nur mit drei Schwüngen bewältigen

Lernsituation: Abbau einer Dauerpflugstellung / Hinführung zu einer parallelen Skistellung, zum Carven

- Mit Tempo, aus einer Schussposition in eine Kurve fahren, in der Gruppe
- Wie davor mit Wettbewerb: Wer kommt am höchsten aus
- Steigerung mit Rhythmuswechsel: drei lange Schwünge mit Tempo fahren – dann vier Kurzschwünge, immer weiter, die Strecken steigern
- Natürliche Formen nutzen, mit Tempo über ein „Dach" fahren, über eine „Welle", die Balance finden

Vorübungen:

- Vor dem Schwung einen Ski anheben
- Vor dem Schwung einen Schritt nach oben ausführen
- Für eine „athletische" Gruppe, das Umspringen

Lernsituation: Frontale Position

- Die Stöcke waagerecht vor dem Körper halten, der Kellner-Schwung oder rasant ausgeführt
- Steigerung, die Stöcke dabei auf dem Handrücken legen, ein vorsichtiger Schwung
- „Halbe-Stöcke" fahren, die Stöcke werden in der Mitte gehalten
- Ohne Stöcke fahren, die Hände bleiben vor dem Körper
- Ohne Stockeinsatz fahren, in tiefer Position bleiben
- Mit offenen Schuhen fahren (z. B. bei einer eingewöhnten Dauerrücklage)

Lernsituation: Mit viel Stimmung fahren

- Mit einem „HUSSA und HEJA", abwechselnd schwierige Hänge überwinden
- Panoramaschwung, mit Antizipation in den neuen Schwung hineingleiten
- Steigerung – der Schönheitsschwung: „OHHH, bin ich schön – sehen das auch alle", mit „Antizipio"

Besondere Förderung von elementaren Fähigkeiten – vermittelt über Lernsituationen

In der Sportwissenschaft unterscheidet man Bewegungsfertigkeiten und Bewegungsfähigkeiten. Zu den Fertigkeiten gehören motorische Grundtechniken, wie z. B. das Gehen, der Schlittschuhschritt oder der Parallelschwung.

Die Aneignung von Fertigkeiten wird von motorischen Fähigkeiten mitbestimmt. Bei der Förderung von „Elementaren Fähigkeiten" werden die persönlichen Begabungen angesprochen.

Einige Beispiele

Schulung des Gleichgewichts und der Bewegungsbereitschaft
- Während der Fahrt zwischen Vor-, Mittel- und Rücklage wechseln
- Einbeinig fahren
- Mit überkreuztem Ski fahren
- Überfahren von Wellen, Dächern, Mulden, Buckeln...
- Von der Piste in den Tiefschnee, am Rande der Piste fahren
- Mit geöffneten Skischuhen fahren
- Stöcke in verschiedenen Positionen halten
- Blind fahren, mit Begleitung

Schulung der Fußgefühle / regulative Verteilung des Fußdrucks
- Druck spüren
- Verteilung der Belastung auf Ballen und Ferse
- Über die Großzehe in den Schwung fahren, über die Kleinzehe hinaus (Innenbein)

Kantenschulung (auch eine grundsätzliche Fertigkeit) mit Wechsel zum Gleiten/Gleitgefühl
- Seitrutschen zur Sensibilisierung
- Aufkanten vor dem Schwung, Schrägfahrt mit Kantenspiel
- Bogentreten mit deutlichem Abdruck
- Über eine Eisplatte gleiten, anschließend im Griffigen kanten
- In weichem und eisigem Gelände fahren (Kontrastlernen), dabei Tempo variieren
- Über mittleren zu langgezogenen Schwüngen fahren sowie in kurze Schwünge

Die richtige Linie fahren
- Einen Hang selber einteilen lassen
- Von Pistenrand zu Pistenrand fahren
- Partnerfahrt, abwechselnd übernimmt eine Person die Führung
- Sechstagerennen, Spurplan mit Rücksicht auf die Folgenden legen
- Skilehrer spielen lassen, die Führung für die Gruppe übernehmen lassen
- Auf einem vorbestimmten Hang die Anzahl der Schwünge angeben, z. B. diesen Hang mit vier Schwüngen meistern

Mit Kraft fahren – mit hoher Körperspannung fahren
- Kurzschwünge mit viel Kraft fahren lassen, mit Gewalt Braquagen vorgeben
- Mit Kontrasten fahren, mit 20 % und 90 % Spannung/Kraft fahren
- Mit deutlichem Ein- und Ausatmen fahren
- mit einem Goldstück zwischen den Pobacken fahren (Vorstellung), das Becken nach vorne schieben

Kapitel 6

Lernen über Bewegungsaufgaben und Bildern, eingebettet in wunderschöne Bewegungsgeschichten

Die spielerische Welt

- Sammlung Bewegungsgeschichten,
  das Lernen über Bewegungsaufgaben und Bilder

Kinder leben in einer spielerischen Welt. Wir wandeln die Skitechnik in ein Spiel aus Wörtern und Bildern um, denn Kinder lieben Geschichten und das Fantastische.

Bei unserer Ausbildung zum „Kinder- und Jugendskilehrer" entwickeln die Teilnehmer*innen eigenständig spannende Geschichten. In die Geschichten werden konkrete Bewegungsaufgaben integriert. Im Verlauf der Geschichte reihen sich Aufgaben und Übungen. Leichtes und spielerisches Lernen stehen nach unserem Konzept „Kinderschneewelt" im Vordergrund, besonders geeignet für Kinder bis zu einem Alter von ca. 9 – 11 Jahren.

Das Lernen über Bewegungsgeschichten/Bewegungsaufgaben wird systematisch in Lernsituationen eingegliedert.

Wir stellen einige Beispiele aus unseren Unterrichtsproben dar. Sie dienen als Anregung für eigene kreative Lösungen.

Thema: Stoppschwung/Nothalt – Braquage

Lerngruppe: Kinder 6 – 9 Jahre

von Ricarda Koller

Organisation, Material: Tücher

Der Aufbau ist ähnlich wie bei einem Slalom, nur sind die Stangen „feuer-farbene" Tücher. Feuer bedeutet Gefahr!

Bewegungsgeschichte: ACHTUNG FEUER – das Feuer muss gelöscht werden!
Stellt euch vor, die Tücher brennen – es sind viele Tücher, d. h. fast die ganze Piste brennt! Fahrt auf das Feuer zu und versucht es zu löschen. Dabei müsst ihr so stark vor dem Feuer bremsen, dass die Schneewolke die Flamme löscht.

Enthaltene Bewegungsaufgabe: schnelles und kräftiges Bremsen durch einen kurzen Schwung mit Querstellung der Ski

Thema: Basiscarven
Abwandlung aus unseren Lernkarten „Motorrad-Rallye" und „Wer den Schnee liebt"

Lerngruppe: Kinder 8 – 11 Jahre

von Ina Latsch & Kia Radermacher

Organisation, Material: mit Stöcken, evtl. Lenker

Bewegungsgeschichte: Jagd auf die Bankräuber
Stellt euch vor, ihr seid Polizisten und wurdet gerade zum Einsatz gerufen, weil der gefürchtete Bankräuber der Stadt die Bank überfallen hat. Ihr seid nun mit euren Motorrädern auf Verfolgungsjagd (Stöcke quer nehmen als Lenker) und müsst ihn rechtzeitig einfangen. Weil ihr so schnell unterwegs seid, kippt euer Motorrad in der Kurve ganz weit zur Seite (in Richtung Schnee kippen, Innenseite). Los geht's!

Jetzt habt ihr den Räuber fast erwischt. Doch der Dieb war nicht besonders schlau und hat den Rucksack mit seiner Beute geöffnet gelassen, nun fällt das ganze Geld heraus und ihr müsst es vom Schnee aufheben (mit der Hand kurz in der Kurve in den Schnee greifen / Vorübung Snowcarven).

Nun wird das Loch immer größer, und immer mehr Geld plumpst aus dem Rucksack. Da es so viele Scheine sind, müsst ihr euch nun noch tiefer in die Kurve legen und alles aufsammeln (längerer Schneekontakt mit der Innenhand; Vorübung Snowcarven).

Enthaltene Bewegungsaufgaben: Kippen sowie Innenskibelastung

Thema: Einführung ins Slalomfahren – spielend eingeführt

Lerngruppe: Kinder 8 – 10 Jahre

von Malte Behrendt

Organisation, Material: Einsatz von Bojen

Bewegungsgeschichte: Die Fahrt durch die Gletscherwelt

Stellt euch vor: Ihr steht auf dem Gipfel eines Viertausenders mitten in den Alpen. Unter dem Gipfel erstreckt sich auf der Nordseite ein riesiger Gletscher. Uns erwartet eine traumhaft schöne – fast unendliche – Abfahrt über die Gletscherregion bis ins Tal. Aber überall lauern Gefahren: Gletscherspalten, Eistürme und Lawinen!

Den Eistürmen müsst ihr unbedingt ausweichen und sie umfahren. Zusätzlich herrscht im oberen Bereich Lawinengefahr. Da die Lawinen von oben drohen, passt ihr genau auf und fahrt die erste Strecke rückwärts, mit dem Blick immer wieder nach oben gerichtet. Nach dem dritten Eisturm (markierte Boje) kommt die erste Gletscherspalte. Jetzt müsst ihr auf die Gletscherspalte aufpassen und deshalb vorwärtsfahren. Direkt nach dem Zieleinlauf folgt die größte Spalte. Hier könnt ihr nicht weiterfahren, ihr müsst ganz schnell stoppen – sonst droht ein Sturz in die Gletscherspalte!

Enthaltene Bewegungsaufgaben: Bremsen – Rückwärtsfahren – Drehen – Stoppen

Thema: Spielschwünge – Kurven fahren über Drehen sowie Beugen / Strecken

Lerngruppe: Kinder 8 – 10 Jahre

von (der Autor ist unbekannt)

Organisation, Material: ohne Stöcke

Bewegungsgeschichte: Asterix & Obelix

Wir befinden uns im römisch besetzten Gallien. Unsere beiden Helden, Asterix und Obelix, sind von den Römern gefangen genommen und in deren Lager verschleppt worden. Als die beiden zu sich kommen, beschließen sie, zu fliehen. Sie müssen sich allerdings durch die ganze Römergarnison schlagen, um wieder zu ihrem Dorf zu gelangen.

Spielschwung 1 *(Lehrer fährt vor, Schüler direkt hinterher)*:

Obelix, der ja bekanntlich etwas dick („Dick? Wer ist hier dick?!?!") ist, fährt ganz aufrecht auf seinen Skiern, und teilt links und rechts Backpfeifen aus. Die gefallenen Römer werden ganz locker in Schlagrichtung umfahren. (Kernbewegung: Drehen-Orientieren)

Spielschwung 2 *(Ausführung wie Spielschwung 1)*:

Asterix trinkt seinen Zaubertrank und fährt in geduckter Haltung auf die römischen Soldaten zu. Er schlägt Kinnhaken von ganz unten diagonal über die Skier nach ganz oben. Dabei richtet er sich mit der Bewegung auf. Auch er umfährt so den jeweils gefallenen Römer in die geschlagene Richtung. (Kernbewegung: Beugen/Strecken + Drehen-Orientieren)

Am Ende fragt der Skilehrer die Kinder, ob sie denken, dass sich beide Helden den Weg durch die römischen Soldaten frei schlagen konnten, ob es ihnen schwergefallen ist.

Man kann das Thema kreativ erweitern und z. B. folgende Übungen mit einbeziehen:

Den Zaubertrank trinken *(Beugen/Strecken)*

als Mirakulix Kräuter vom Boden sammeln oder Mistelzweige mit der goldenen Sichel vom Baum schneiden (Beugen/Strecken, Kippen/Knicken)

Enthaltene Bewegungsaufgaben: Kurve fahren durch Drehen, Beugen/Strecken sowie Kippen

Thema: Kippen über Spielschwünge

Lerngruppe: Kinder 8 – 10 Jahre

von Felix Bräuer und Dieter Plassmann

Organisation, Material: mit Stöcken

Bewegungsgeschichte: Der Pilot

Kinder, ihr seid jetzt Pilot in einem Flugzeug und müsst dieses durch ein schweres Gewitter steuern. Dieses sind die Flügel (Stöcke parallel zum Boden quer in Brusthöhe nehmen) von Eurem Flugzeug. In dem Gewitter gibt es schwere und gefährliche Blitze, die Eure Flügel zerstören können. Den Blitzen müsst Ihr ausweichen, in dem ihr die Flügel absenkt (seitliches Kippen demonstrieren). Die Blitze schlagen im Wechsel auf jeder Seite des Flugzeuges ein und ihr weicht immer aus. (Demonstration des Lehrers bei langsamer Fahrt in angepasstem Gelände).

Enthaltene Bewegungsaufgaben: mit Kippen in die Kurve fahren

Thema: Bremsschwung

Lerngruppe: Kinder 5 – 7 Jahre

von Maximilian Bräuer

Organisation, Material: „Plüsch-Tierchen" und Bojen

Bewegungsgeschichte: Die Fahrt durch den Wald

Stellt euch vor, ihr fahrt ganz schnell auf einer Piste. Die Piste führt durch einen Wald. Plötzlich kommt von rechts ein Pitztaler-Eichhörnchen aus dem Wald gesprungen und ihr müsst sofort bremsen. Alles ist gut gegangen und ihr fahrt schnell wie der Blitz weiter als von links ein Ötztaler-Eichhörnchen angesprungen kommt und ihr müsst schon wieder scharf bremsen. Ihr fahrt wieder durch den Wald und seid froh, dass ihr kein Eichhörnchen umgefahren habt. Doch plötzlich kommen wieder Eichhörnchen auf die Piste gesprungen, doch dieses Mal sind es Familien – ganz, ganz viele Eichhörnchen. Ihr müsst sofort bremsen.

Enthaltene Bewegungsaufgabe: Skier ganz schnell querstellen und abbremsen – ein kurzer Schwung

Thema: Beugen / Strecken – spielend eingeführt

Lerngruppe: Kinder 6 – 8 Jahre

von Patrizia Kusmierz

Organisation, Material: „Plüsch-Tierchen" und Bojen

Bewegungsgeschichte: Ein Besuch im Zoo

Heute besuchen den Streichelzoo. Wir umfahren die Tiere und streicheln sie. Wir sagen jeweils „Hallo" und ganz vorsichtig streicheln wir die Tiere.

Enthaltene Bewegungsaufgabe: Beugen/Strecken und Drehen

Thema: Schrittformen in der Spielarena (in der Ebene)

Lerngruppe: Kinder 4 – 7 Jahre

von Valeria Rücker

Organisation, Material: Aufbau Lernarena mit Stöcken, Tüchern, Wäscheleine, Ringen, Plüschtiere

Bewegungsgeschichte: Bärenwäsche im Zoo

Stellt euch vor, wir dürfen bei unserem Zoobesuch die Bären waschen. Wir schreiten mit einem Ski bis zum Bärenpark. Mit einem Tuch waschen wir die Bären. Wir schreiten weiter – in der nächsten Station steigen wir zum Honigtopf auf, denn die Bären sind hungrig. Mit unseren Fingern streichen wir durch den Honig – anschließend gehen wir zu Bärenpark und füttern die Bären.

Enthaltene Bewegungsaufgaben: Fortbewegung durch Schritte

Thema: Förderung von Kernbewegungen

Lerngruppe: Kinder 7 – 9 Jahre

von Merle Einhaus

Organisation, Material: Frisbee, Ringe

Bewegungsgeschichte: Fahren mit dem Schnee-Rennmobil

Wir wollen das neueste Schnee-Rennmobil testen, allerdings ist unsere Piste voller Steine. Deshalb schaufeln wir mit unseren großen Schaufeln (Frisbees) die Piste frei.

Nun sind alle Steine beseitigt und wir können mit unserem Schneemobil über die Pisten düsen. Um unser Schneemobil zu lenken, müssen wir kräftig am Lenkrad drehen.

Enthaltene Bewegungsaufgaben: Kurvenfahren durch Beugen/Strecken und Drehen/Kippen

So herrlich kann es sein – Pitztal im Herbst mit viel Neuschnee

Kapitel 7

Ski-Schüler*innen mit Besonderheiten und Handicaps

Individuelle Förderung

- Schüler mit Besonderheiten – Beispiele für Handicaps
- Ein grundsätzlicher Umgang
- Umgang bei überempfindlichem Stresssystem
- Umgang bei Hyperaktivität / ADS
- Umgang bei motorischer Entwicklungsverzögerung

Zur Zielorientierung

„Weniger ist oft mehr – in die Tiefe gehen erzeugt mehr Zuwachs als eine umfangreiche Vermittlung "

„Evtl. ein Programm Diät durchführen"

Weitere grundsätzliche Prinzipien
- Die Schüler*innen benötigen besonders positive Bindungen.
- Das kann nur in Kleinstgruppen funktionieren – ein Privatunterricht im Gruppenkurs
- Falls es der/m Skilehrer*in trotz Engagement und Feingefühl, gegenüber dem Kind nicht möglich ist, die Gruppe weiterzubringen muss das Gespräch mit den Verantwortlichen, z. B. mit den Eltern, gesucht werden.

Ganz vorsichtig die Schülerin in die Kurve begleiten – zwischendurch lösen, die Skilehrerin wechselt die Seite, fährt immer von der Talseite an – noch besser ist es, statt der Stockhilfe ein Seil (1,50 cm) zu nutzen, Ziel: Hinführung zur Selbsttätigkeit

Schüler mit Besonderheiten – Beispiele für Handicaps

Selten haben alle Kursteilnehmer einer Gruppe das gleiche Niveau, den gleichen Entwicklungsstand. Entweder liegen individuell grundsätzlich Besonderheiten vor oder ganz kurzfristig stellt sich eine Schwierigkeit dar, z. B. plötzlich auftretende Angst oder Auseinandersetzungen in der Gruppe. In diesem Kapitel zeigen wir einige Möglichkeiten auf, um mit den Besonderheiten umzugehen.

Wichtig: Bei dieser Schülergruppe muss das „Wochenziel" individuell angepasst werden.

Welche Bilder können sich ergeben:

- Keine realistische Einschätzung: Überschätzung/Unterschätzung
- Probleme mit Regelverhalten, geringe Sozialkompetenz
- Unkonzentriertheiten
- Motorische Hemmungen und Ungeschicklichkeiten, Mangel an Körpererfahrung und Körperkraft, schneller Kräfteverschleiß, Koordinationsschwierigkeiten
- Mangelnde akustische, visuelle und taktik-kinästhetische Wahrnehmung,
- Raumorientierungsschwierigkeiten
- Fehlende Bewegungsspontanität, verkrampfte Bewegungen, mechanische Abläufe
- Probleme hinsichtlich Frustrationstoleranz, überempfindliches Stresssystem – auffälliger emotionaler Ausdruck
- Hyperaktives Verhalten (ADS), fast zwanghafter Bewegungsdrang, der Schüler will immer der erste sein, fehlende Geduld und Aufmerksamkeit
- Ängstlichkeit und übertriebene Vorsicht

Oft wird leider die Rückmeldung gegeben, dass diese Schüler*innen nicht in den Gruppenskikurs gehören. Dagegen spricht, dass diese Erlebnissportart in herrlicher Umgebung geradezu förderlich ist für die Entwicklung und zum Beispiel Blockaden oft gut auflösbar sind.

Diese/r Skischüler*in folgt ganz langsam der Hand des Skilehrers. Nähe ist ganz wichtig – das Kind schaut nicht in die Weite, es kann den Raum nicht antizipieren, der Finger zeigt den Weg an.

Ein grundsätzlicher Umgang

- Individualisierung ist notwendig, evtl. muss eine „Privatstunde" innerhalb des Gruppenkurses eingerichtet werden, mehr Pausen müssen einkalkuliert werden
- Die Sprache muss wertschätzend sein, sie sollte kurz und konkret sein, verstärkerorientiert, der Blickkontakt/die Nähe ist sehr wichtig, Loben und Selbstvertrauen schaffen
- Das Gruppengefühl muss gestärkt werden
- Der Schwierigkeitsgrad muss angepasst werden, die Übungen und die Geländewahl
- Behutsame Steigerung der Aufgaben vornehmen, Teilschritte vollziehen lassen/schrittweises Vorgehen, Erfolgserlebnisse wirken lassen
- Der Sicherheitsaspekt muss gewährleistet sein

Umgang – insbesondere bei überempfindlichem Stresssystem – geringer Frustrationstoleranzgrenze

Jugendliche, die ein überempfindliches Stresssystem haben, reagieren sehr schnell gereizt. So provoziert es bei Lehrern*innen oft abwehrendes Verhalten. Darauf reagiert es wieder wütend ... und so weiter.

Diese Jugendlichen müssen neue Erfahrungen sammeln, die neue „Ersatzpfade" belegen – sie müssen positiv besetzt werden. Sie müssen erleben, dass sie trotz Verfehlungen und darauf evtl. folgender Konsequenzen geachtet und geliebt werden. Die Jugendlichen brauchen positive Bindungen, die sie wiederholt und öfters erfahren.

In Stresssituationen hilft oft eine Pause.

Grundsätzlich ist es hilfreich, gezielt Entspannungsphasen zu inszenieren.

Allerdings werden in besonders herausfordernden Situationen bereits positive Erfahrungen gerne wieder verdrängt – Stress folgt, aber meistens nicht mehr so lange.

Führung mit Stangen – das gelingt nur mit ganz Mutigen, die auch die Stangen fest umgreifen können

Umgang insbesondere bei Hyperaktivität und ADS (Aufmerksamkeits-Defizit-Syndrom)

Ruhiges Umfeld schaffen, klare Regeln aufstellen, streng aber fair agieren, Körperkontakt durch Berührung der Schulter, der Hand, Augenkontakt halten, Verantwortung übernehmen lassen (z. B. letzter der Gruppe), mitbestimmen lassen/dabei vor Wahlsituationen stellen, Stärken herausfinden und das Kind bewusst ermutigen und loben.

Umgang bei motorischer Entwicklungsverzögerung

Für Schüler*innen mit besonderen Handicaps, meist emotional bedingt und oft kombiniert mit Defiziten hinsichtlich Bewegungserfahrungen oder anderen Besonderheiten.

Folgende Basis-Übungen bieten sich aus dem Einsteigerbereich an:

- Der/die Skilehrer*in zieht den/die Schüler in der Ebene – die erste Gleitphase über wenige Meter wird gemeistert:

Eine kleine Hilfe reicht oft aus – ein Herantasten...

- Oft ist die Nähe entscheidend, erst führen – dann loslassen und auffangen – mit viel Fürsprache!

- Für die erste Kurve (Hilfsmittel Seil, 150 cm/notfalls mit Stockhilfe/mit einem Ring/Thera-Band):

Der Schüler wird um die Kurve begleitet – eine körpernahe Führung – hier mit Seil

Das funktioniert immer gut: „Die Hände auf die Knie" und allein ganz, ganz vorsichtig die Kurven fahren. Die Kompaktheit wird gefördert, das Kurvenfahren geschieht durch eine Blocktechnik.

Das Ziel der „Selbstständigkeit" darf nicht durch das Helfersystem vernachlässigt werden. Die Hilfen sollten nur solange wie notwendig eingesetzt werden – schneller Abbau der Hilfen führen zu mehr Selbsttätigkeit.

ANHANG

Skitechnik – Übersicht

Ein „Aufriss" – eine Übersicht – skitechnische Konzeption, erscheint im kommenden Lehrplan 2 von SPORTS, Dr. Walter Kuchler

Skitechnik universell bei SPORTS

Programm Biomotorik
- Tiefenschichten, Alltagsmotorik, Kinästhetik
- Flex+Rebound und Autoreaktionen
- Reflexe und motorische Programme
- Motions by Emotions – Emotions by Motions
- Bewegungsqualitäten und Bewegungsästhetik

Theorie des Gleitens und Schwingens
- Belletristische Sichtweisen
- Grundlegende Biomechanik
- Bedeutende Schulkonzeptionen
- Carvingtechnik und Carvingtechnologie
- Optimales Gleiten und Schwingen

Grundschulen (Grundschulmodelle)
- Gehen, Wenden, Aufsteigen
- Schrägfahrt und Seitrutschen, Schuss
- Springen, Stürzen und Aufstehen
- Schwung bergwärts, Bogentreten und Schlittschuhschritt
- A: Pflug > „direkte Wege" zum Schwingen
- B: Pflug > Weg Pflugbogen, Pflugschwung
- Basiscarver – Basisdrifter

Racecarven
- Raceschwünge
- Carvewedeln
- Frontaltechnik
- Looping
- Komfort-Racer

Boardercarven
- Kippcarver und Taucher
- Drehschwung u. Schlangenschwung
- Rebounder und Reflexer
- Hand- und Bodycarven
- Monoski und Skwal

Skatecarven
- Innen Anschneiden - Innenschwünge
- Ducias Schrittcarver und TeleCarver
- Scherschwünge, Eisläufer, Pedalos
- Geflogene Hunde und 360er
- Tomba-Schwung und Stepcarver

NeoClassic
- NeoClassic Rotation
- NeoClassic Mambo
- NeoClassik altes + neues Beinspiel
- NeoClassik OK-Technik + Surftechnik
- NeoClassic Rockern

Aktive Veränderungsfaktoren
- Koordinationen, Konfigurationen, Rhythmen
- Tempo und Kurvengeschwindigkeit
- Antizipationen und Kippen
- Driften, Anschneiden, Steuerungen
- Radius, Schwungweiten, Lagen
- Spur und Schritte
- Ent- und Belastungen

Kleine und größere Künste
- Braquage, Fishhook, Nachsteuern u. a.
- Stretchen und Rochieren
- Handführungen und Exzenters
- Fuß- und Beintechnik
- Flex + Rebound als Prinzip
- Schusstuning – Optimierungen
- Schwungtuning – Beschleunigungen

Situatives Können
- Befahren von Geländeformen
- Befahren von Flach- und Steilhängen
- Fahren auf glattem und vereistem Hang
- Fahren im Weichschnee und Firn
- Fahren im Tiefschnee
- Fahren über Wellen und Buckel
- Fahren im Funpark

Spezialtechniken
- Fahrpositionen
- Rennschwünge
- Spielschwünge
- Springen und Geflogene Schwünge
- Kurzschwünge und Wedeln
- Einfache Trickformen
- Ausfalltechniken - Telemarks

Frühe klassische Schwünge
- Zdarsky-Schwung
- Stemm- und Scherschwünge
- Reuels Drehumschwung
- Schraubenkristiania
- Temposchwung
- Testa-Technik
- Engeln – Flieger

Neuere klassische Schwünge
- Gegendrehschwünge
- Methode Francaise
- Christiania léger - Komfortschwünge
- Jet- und Kippschwung
- Kompressionsschwung
- Umsteigeschwünge
- Ausgleich-/Wellentechnik

WERKSTATION
Techniken auf Gesundheitskurs
- Besondere Fahrergruppen
- Vorzugs- und Vermeidungstechniken
- Komfortschwünge, Storchenschwung
- Schontechniken Knie, Hüfte, Rücken
- Mehr Reflexe und immer Rebounds
- Aktivierung Fußtechnik
- Abstimmungen Ausrüstung
- Ratschläge aus der Skitaktik
- Zertifikate – Dokumente

WERKSTATION
Techniken Hohe Schule – A-Note
- Bewegungsqualitäten + Reflexe
- Schusstuning Schwungtuning
- Biomotorisches Verständnis
- Wedeltechniken
- Spur- und Technikpläne
- Skitechnisches Repertoire
- Stil und Eigentechnik
- Motorisches Profil
- Zertifikate - Dokumente

WERKSTATION
Techniken Meisterklasse – B-Note
- Bewegungsqualitäten
- Tiger Feeling, Figuration und Expression
- Kurvenmelodien und emotionelle Steuerungen
- Choreographien
- Technik- und Methodikprojekte
- Skitechnisches Repertoire
- Stil und Eigentechnik
- Motorische Persönlichkeit
- Zertifikate – Dokumente

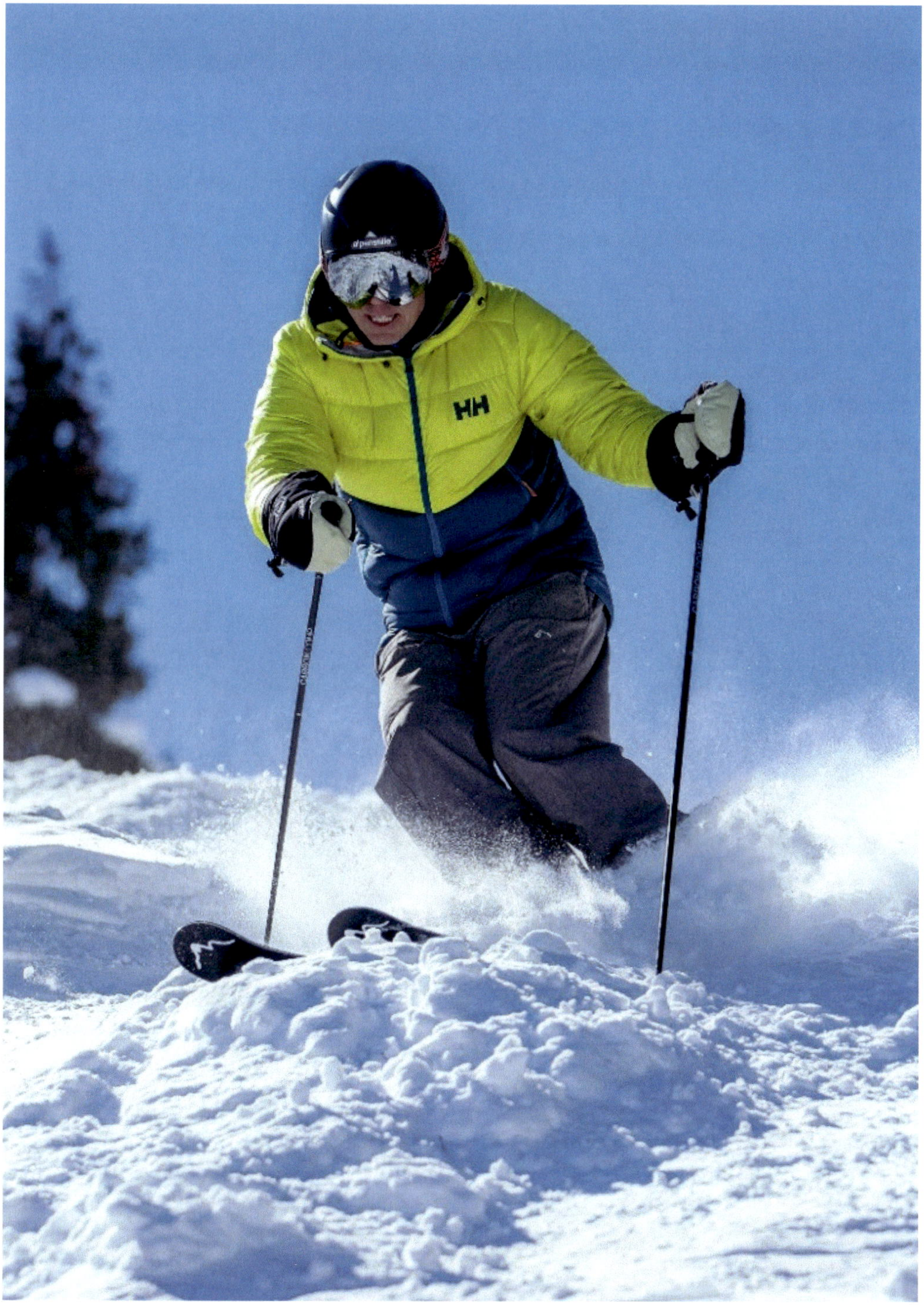
HH

ANHANG – Praxisthemen

Ein Bildprotokoll
Die „direkte Methode" mit kurzen „Kinderski"

Skifahren lernen in nur 2 – 4 Stunden – ein Bildprotokoll von einem typisch ersten Skitag

Der erste Skitag – die ersten Stunden!

Ausrüstung kennenlernen und anpassen
- Die Skier wie ein „Skilehrer" tragen
- Anschnallen und zum Zielgebiet gleiten/schreiten (alles ohne Stöcke)
- Einige Gleichgewichtsübungen

Das Gleichgewicht finden – vor und zurück. Armdrücken und dabei Gleichgewicht halten – Körperspannung aufbauen – Partnerkontakt!

„Sechstagerennen" – der Skilehrer wird umrundet

Und schon geht es richtig los. Wir gehen zu unserer Lernarena.

Ergänzende Spiele und Techniken können an späteren Tagen eingebaut werden, denn die Kinder sollen in den ersten zwei Stunden schnell zum Skifahren kommen: z. B. Rollerfahren, Schlittschuhschritt, Bogentreten, spielen in der Ebene, Staffellauf, Fangen, Schneeballwerfen

Unbedingt umzusetzen: selbstständiges An- und Abschnallen sowie STÜRZEN und AUFSTEHEN!

Jedoch, bevor ein Kind zu schnell ermüdet, sollte man es ruhig einmal anschieben und beim Aufstehen behilflich sein!

Schussfahren – alles im richtigen Gelände

- Am besten in einer leichten Mulde, mit leichtem Gegenhang oder mit flachem Auslauf.

- Die Kinder fahren ins Flache, das Tempo verringert sich automatisch.

- Schussfahrspiele mit verschiedenen Körperpositionen, Balance finden, mit Spielgeräten, mit Partnern, über Wellen fahren, vielleicht nur zwei- /dreimal, denn Skifahren heißt Kurvenfahren.

Eine kleine Lernarena ist schnell aufgebaut

Mit Bewegungsaufgaben arbeiten:
- „Hände auf die Knie"
- Wie ein „Adler" fahren
- „Hände in den Himmel"
- „Wie ein Elefant den Rüssel schwenken"
- Mit den Armen schwingen wie ein Gorilla
- Hände in Schussfahrtposition „Rakete" vorne halten
- Ganz lässig hinter dem Körper verschränken
- In den Himmel schauen

Immer wieder aufsteigen – im Grätenschritt oder Treppenschritt:
- "Wir gehen Treppen steigen – seitlicher Aufstieg" – der Treppenschritt und der Halbtreppenschritt
- In V-Stellung, als "Gräte" (Fisch)

Beim nächsten Male eine Aufstiegshilfe nutzen – einen Teppich und den „Zauberteppich" – wieder ein neues Erlebnis. Die Kinder sparen Kraft für aufregende Abfahrten! Es gelingen mehr Umläufe.

Nun folgt sofort das Kurvenfahren!

Die erste Kurve fahren – ein Skistock oder einfache Markierungen reichen aus

(Schwung bergwärts)

- Nur ein paar Mal nach links und rechts eine Kurve fahren
- Das Kanten erfolgt hauptsächlich durch eine leichte Verlagerung des Körpers nach innen, es entstehen „Schräge Gefühle", ein Drehen des Oberkörpers hilft ebenso wie ein leichter Knie-Knick
- Beide Hände führen mich in die Kurvenrichtung (das Spiel mit den Händen), Methodik „Postpakete überbringen / die Post geht ab" nutzen

- Halte beide Hände wie ein Schneeschieber vor dem Oberkörper, schiebe den Schnee jeweils nach rechts und links
- Sich über das Innenbein in die Kurve legen
- Zusätzlicher Impuls: die Außenhand grüßt die Freunde, in Kurvenrichtung (leichte Kreuzkoordination)
- Den Flieger einführen, beide Arme auf Schulterhöhe anheben und während der Fahrt wie ein Segelflieger in die Kurve kippen – Paketpost wird übergeben / abgelegt

Wir fangen immer höher an – Geschwindigkeitserhöhung!
Der Kurvendruck wird erhöht, auch durch erhöhten Körpereinsatz – aus dem Kurvenfahren wird ein vorsichtiges abbremsen mit leichtem Aufkanten bergwärts.

Weitere Bewegungsaufgaben:

- „Wie ein Schimpanse" die Arme vor dem Körper schwingen, zur Steigerung „wie ein Gorilla schwingen".
- Der Elefantenschwung mit „ganz langen Rüssel", einem Kinderspiel entnommen – mit Spaß zum Erfolg! (siehe auch Schuss – Spiele)
- Wie ein „Segler" fahren/fliegen

Ein kleiner Kinderparcours ist auch schnell aufgebaut. Die Absperrung wird mit Stöcken gebaut, Seile weisen den Weg und die bunten Smarties (Bojen) markieren z. B. eine Durchfahrt.

Die Balance muss immer wieder gefunden werden – das Spiel mit dem Gleichgewicht und der Körperspannung.

Technikbeschreibung – die erste Kurve fahren

Für die Richtungsänderung beide Hände leicht über das Innenbein führen (Kernbewegung Drehen und Kippen), im Flachen reicht ein leichter Impuls, im Steileren müssen die Bewegungsimpulse verstärkt werden, die Knie bergwärts neigen lassen.

Der Talski wird aufgekantet und führt uns in die Kurve.

„Die Post geht ab."

Nach einer Stunde ist eine Teepause fällig.

Geländewechsel – es geht anschließend mit vollen Kräften in Richtung Skilift!

Der nächste Hang wird bewältigt. Er ist nicht steiler, aber viel länger und hat eine optimale Mulde – besser geht es nicht. Jedoch von oben können Skifahrer kommen – aufgepasst!

Eine lange Schussfahrt – jedes Kind ist extra an der Reihe!

Die Mulde wird mit Schussfahrspiele durchquert– ganz geschickt wird durch eine kluge Linienführung die Steilheit entschärft.

ACHTUNG: Der Bremspflug muss eingeführt werden!

Zwischendurch: Nach einer kleinen Schrägfahrt, sich bewusst zum Berg hinfallen lassen – aufstehen üben! Vergleiche den Abschnitt „Notstopp – Notsturz" auf der folgenden Seite.

Der nächste Hang wird bewältigt. Es wird noch aufregender. Alle Aktionen und Ansagen werden betonter:

Wir neigen uns nach rechts und links – alles ganz langsam und vorsichtig (in Zeitlupe). Man sieht ganz typisch, die Kinder wollen das Gleichgewicht halten, sie vermeiden das Kippen mit dem Oberkörper.

Kein Kind darf überholen – **der/die Skilehrer*in hat das Kommando!**

Die Hände auf die Knie, in die Höhe und seitlich winken, ebenso geduckt wie ein „Panther" fahren, keine festen Körperpositionen einnehmen.

Alles in „Zeitlupe" und gut organisiert.

Es gelingen die ersten kleinen Schwünge über die Falllinie – noch ist es flach.

Kritische Stelle – jetzt wird es wieder steiler!

Durch eine geschickte Linienführung nehmen wir dem Hang etwas die Steilheit. Wenn es zu schnell wird, fahren wir einfach den Berg wieder hinauf.

Und schon sind wir am Lift. Nach zwei Stunden haben wir neue Skifahrer gewonnen!

Die erste Liftfahrt – mit einem Tellerlift

Tipp zur Bewegungsanweisung

Positivsprache nutzen:

„Bei der Liftfahrt stehen bleiben – Körperspannung aufbauen"

Bei der Anweisung „nicht hinsetzen" setzen sich viele hin.

Das Liftfahren muss vorher geübt werden: Zum Beispiel durch eine Simulationsübung – der Skilehrer/die Skilehrerin zieht den/die Anfänger/-in mit einem Hilfsgerät, oft steht am Lift ein „Übungsteller" zur Verfügung.

Für die erste Liftfahrt muss am Ausstieg eine zusätzliche Hilfe organisiert sein. Der/die Skilehrer*in fährt als letzte/r hoch und muss gegebenenfalls gestürzte Kinder einsammeln. Alle anderen Kinder warten oben.

Es folgt die Mittagspause
Es ist Nachmittag – immer noch der erste Skitag!

Notstopp – Notsturz

Der gleiche Weg zum Skilift führt wieder in die ideale Mulde. Im flachen Bereich wird der Stoppschwung, die Notbremse, eingeführt.

Schwung bergwärts mit hoher Bewegungsintensität/Querstellung der Ski bis zum vollständigen Stillstand.

Diese Übung kann wunderbar mit einem Zielbremsen verbunden werden.

- Schnelles Absenken des Körperschwerpunkts, gleichzeitig die Skier mit viel Schwung quer stellen
- Die Kanten kräftig in den Schnee stemmen

Falls diese Übung für einige zu schwierig werden sollte, kann der Bremspflug angewendet werden. Vorangestellt wird der Notsturz, mit einem Fallen zum Berg hin. So lernen alle ganz einfach auch das Aufstehen.

An den Folgentagen wird immer wieder die Notbremse durch Integration in Schussfahrspiele trainiert. Bei jeder Abfahrt wird die Schussfahrt ein Stück höher angesetzt. Das Zielbremsen wird schwieriger, der Erfolg ist gleichzeitig Selbstbestätigung und Belohnung.

Die ersten Fahrspiele kommen zur Anwendung.

Die „neuen" Skifahrer*innen erhöhen ihre Fahrintensität. Sie können meist auch problemlos mit anderen Kindern mit mehr Vorerfahrung mithalten und in die „nächste Gruppe" (blaue Gruppe) integriert werden. Zum Teil haben die „Neuen" Vorteile, wenn sie die bessere Ausrüstung haben. Denn die kurzen Skier sind wendiger!

Einige können streckenweise schon anspruchsvolle Übungen durchführen.

Vom ersten Tag an Slalomfahren – mit Bojen die Richtung weisen!

Slalomfahren kann jeden Tag geübt werden. Auf einer kurzen flachen Strecke ist es ganz einfach, einige Bojen zu setzen (die Bojen ganz leicht in den Schnee drücken).

- als Vertikaltore oder
- leicht versetzt, drehend, rhythmisch gesetzt

Hier ein kraftvoller Lerner mit dem „Pedalo – Effekt"   – andere fahren eher gefühlvoll, gleitend.

Übung ROT – GELB – ROT

Ergänzend: das funktioniert richtig gut – mit Tüchern, an den Händen befestigt, mit der Farbe ROT und GELB:

Kommando: ROT – GELB – ROT – GELB (ideal für den ersten/zweiten Skitag)

Der Slalomkurs wird abwechselnd mit roten und gelben Smarties gesetzt. Mit der rechten Hand wird die rote Boje angefahren (die Hand zeigt zur roten Boje), mit der linken Hand die gelbe Boje.

Der Skilehrer unterstützt mit Zuruf: **ROT – GELB – ROT – GELB – ROT – GELB – ROT – GELB**

Diese Übung bringt Rhythmus und Schwung hinein. Sie sollte jedoch nicht übertrieben durchgeführt werden, um eine dauerhaft „Überdrehung" zu vermeiden.

Anmerkung: Manche Kinder mögen die Tücher nicht – dann die Übung nicht zu lange durchführen.

Der erste Skitag ist beendet – wir haben neue Skifahrer*innen gewonnen!
Weitere Vorgehensweise – die nächsten Lernschritte
Siehe Kapitel: „Über die Lernsituationen die Basiskompetenzen fördern".

Zum unteren Bild: Eine kleine Reflexion zur „Direkten Methode"

Der kleine Unterschied

Hier ist deutlich zu sehen: Das vordere Kind (Frederik, 6 Jahre) ist am ersten Tag (erster Skitag – nachmittags!) auf dem Ski bereits im Slalom unterwegs. Insbesondere die Schrägfahrt wird in paralleler Skistellung bewältigt.

Das nachfolgende ältere Kind fährt eher in Pflugstellung. Dieser ältere Junge ist bereits zum zweiten Mal in einem Skikurs (eine Woche Skierfahrung) und hat offenbar über den Pflugbogen das Skifahren gelernt – die Pflugstellung wird dauerhaft eingesetzt, der Bewegungsablauf ist fest eingeprägt.

Ergebnis: Die absoluten Einsteiger haben die vorjährigen Anfänger bereits eingeholt!

(die athletischen Voraussetzungen sind in diesem Vergleich nicht berücksichtigt)

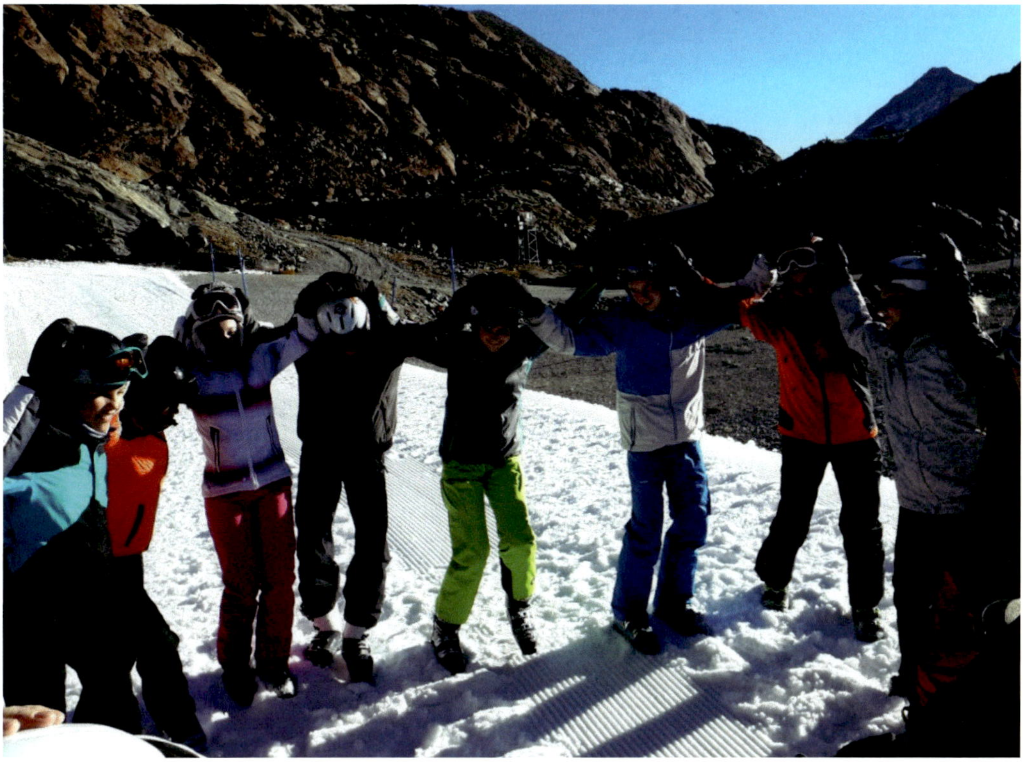

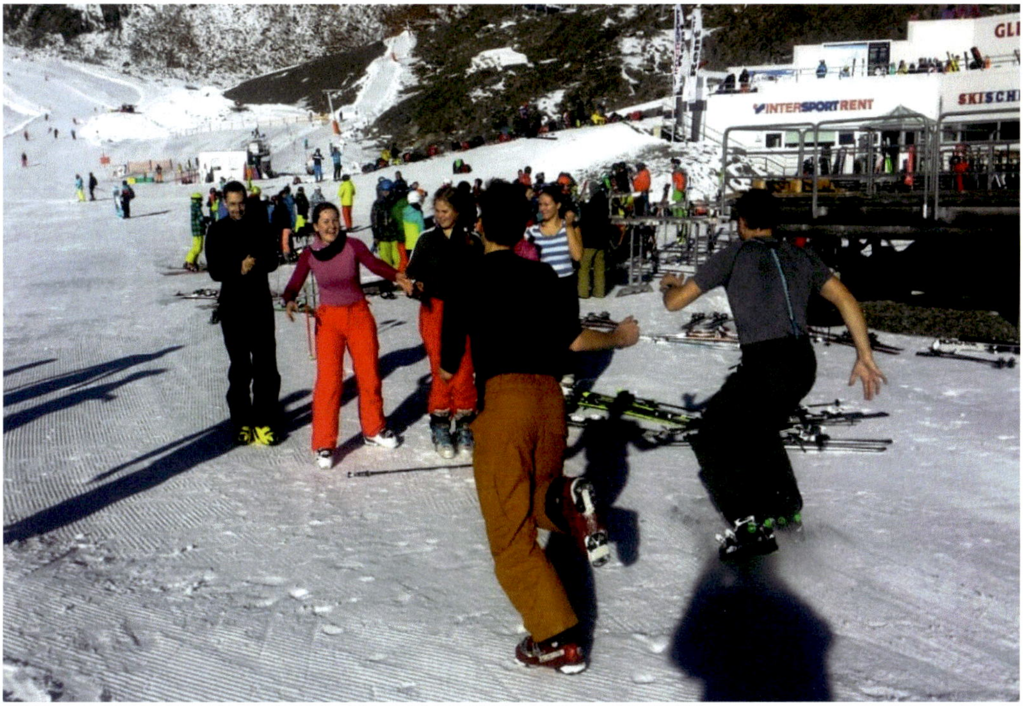
INTERSPORT RENT

Sicherheit, Tipps

Fragestellungen:
Wer darf Skilehrer*in sein? Was muss man können? Welche Anforderungen gibt es?

vgl. auch unsere „Checkliste" zur Selbsteinschätzung auf S. 18

Ein Beispiel aus NRW: Die Sicherheitsförderung im Schulsport

Herausgegeben vom Ministerium für Schule und Bildung des Landes Nordrhein-Westfalen, Düsseldorf – gültig ab August 2020 – www.schulministerium.nrw.de

Zu 1.2   Lehrkräfte – Was sind geeignete Hilfskräfte (Auszug)

Als geeignete Hilfskräfte, die über die jeweils erforderlichen fachlichen Voraussetzungen verfügen müssen, können zeitweise zur Unterstützung der Lehrkräfte eingesetzt werden:

- Schülerinnen und Schüler (z. B. Sporthelferinnen und Sporthelfer), wenn sie an der Aufsichtsführung beteiligt werden oder diese unter Berücksichtigung ihrer persönlichen Entwicklung sowie ihrer fachlichen Voraussetzungen selbstständig wahrnehmen.

- Eltern

- Weiteres externes Fachpersonal, das bei gelegentlichen Einsätzen zur Unterstützung bei schulsportlichen Veranstaltungen tätig wird.

Die Auswahl der Hilfskräfte erfolgt durch die verantwortliche Lehrkraft, deren Aufsichtspflicht fortbesteht. Werden die vorgenannten Hilfskräfte eingesetzt, ist sicherzustellen, dass eine Lehrkraft unmittelbar erreicht werden kann.

Sowohl Lehrkräfte als auch geeignete Hilfskräfte haben bei allen schulischen Veranstaltungen die unter 2. genannten Grundsätze der Sicherheitsförderung und die Vorschriften zur Aufsichtsführung jederzeit einzuhalten.

Anmerkung S. 7, Sicherheitserlass: Vor dem Einsatz minderjähriger geeigneter Hilfskräfte sollten deren Eltern durch die Schule informiert werden.

Zu 2.1   Sicherheitsförderung als Aufgabe des Schulsports (Auszug)

Eine pädagogische Aufgabe des Schulsports ist es, die Bewegungssicherheit der Schülerinnen und Schüler und deren Sicherheits- und Gesundheitskompetenzen zu fördern sowie die technische und organisatorische Unfallvorbeugung zu gewährleisten.

> *** Wer darf ausbilden?**
> **Ausbilden dürfen alle Partner des „Netzwerkes Schneesport an Schulen in NRW"**
>
> Hierzu gehören die Bezirksregierungen des Landes NRW, Universitäten, Westdeutscher Skiverband e. V., SPORTS e. V., Deutscher Sportlehrerverband (Landesverband) NRW e. V., Zentren für schulpraktische Lehrerausbildung

Zu 2.2 Fachliche Voraussetzungen (Auszug)

Lehrkräfte müssen für die Bewegungsfelder bzw. Sportbereiche, in denen sie schulsportliche Angebote unterbreiten, die entsprechenden fachlichen Voraussetzungen besitzen.

Teil II Spezifischer Teil – Auszug

8.13 Skilaufen/Snowboarden/Skilanglaufen/Rodeln – Schneesport

Zu 8.13.1 Fachliche Voraussetzungen

Eine Lehrkraft, die o. g. Bewegungsfelder… anleitet, muss über folgende fachliche Voraussetzungen verfügen, welche man bei allen Partnern des „Netzwerkes Schneesport an Schulen in NRW"* erwerben kann.

- Kenntnisse theoretischer Grundlagen des Schneesports
- Kenntnisse der aktuellen Didaktik und Methodik des Schneesports
- Kenntnisse methodischer Vorgehensweisen und spezieller Vermittlungsformen für ängstliche oder motorisch schwächere Schülerinnen und Schüler sowie für Schülerinnen und Schüler mit Bedarf an sonderpädagogischer Unterstützung
- Kenntnisse der Umweltaspekte des Wintersports in der Skiregion
- Kenntnis der sicherheitsrelevanten Regeln
- Ortskenntnis des Skigeländes bzw. das Loipengeländes und Fähigkeit zur Einschätzung des Schwierigkeitsgrades
- Fähigkeit zur Einschätzung der aktuellen Wetterlage (mit Blick auf die Schneebeschaffenheit und die Sicherheit, um sicherheits- und ausbildungsbezogene Entscheidungen treffen zu können)
- Kenntnisse zu allen Sicherheitsgesichtspunkten des Sportgerätes und die Fähigkeit, geringfügige Reparaturen und Einstellungen vornehmen zu können. Sollte eine Reparatur auf der Piste nicht möglich sein, ist im Einzelfall abzuwägen, ob ein begleiteter Abstieg mit abgeschnallten Skiern notwendig ist
- Kenntnisse der Gerätepflege und
- praktische Erfahrungen in allen elementaren Techniken und die Fähigkeit zur Demonstration

Erweiterte fachliche Kenntnisse der betreuenden Lehrkraft sind erforderlich, wenn z. B. spezielle Schanzen, Halfpipes oder Boarderparks genutzt werden.

Zu 8.13.2 Organisation und Aufsicht

- Die Lehrkraft hat sich über die örtlichen Erste-Hilfe-Einrichtungen und Rettungsmöglichkeiten sowie die örtlichen Notrufnummern zu informieren und muss den Lerngruppen das Vorgehen bei einem Unfall erläutern. Es muss jederzeit ein Notruf abgesetzt werden können.
- Die Kommunikation der Lehrkräfte am Hang ist sicherzustellen.
- Die für eine Gruppe verantwortliche Lehrkraft muss sicherstellen, dass sie jederzeit bei kritischen oder gefährlichen Situationen am Hang eingreifen kann.
- Die Gruppengröße ist dem Könnens- und Entwicklungsstand der Lernenden und den Gelände- und Witterungsbedingungen anzupassen.
- Die Gruppe ist immer in einem vereinbarten Rahmen zusammenzuhalten.
- Auch bei einem zeitlich begrenzten „freien Fahren" muss die Aufsicht sichergestellt und eine Leitungsperson benannt worden sein. Für die „frei Fahrenden" muss ein Gelände bestimmt, es müssen Regeln und Aufgaben festgelegt, sowie die Kommunikation sichergestellt werden. Der Freiraum für selbst verantwortetes Fahren richtet sich nach dem fahrtechnischen Können und dem Entwicklungsstand der Schülerinnen und Schüler. Diese Aspekte sind im Vorfeld einer Entscheidung von der Lehrkraft zu überprüfen.
- Das Fahren auf Skirouten und im nicht freigegebenen Gelände ist verboten.
- Das Stecken eine Rennkurses oder Parcours ist nur von fachkundigem Personal durchzuführen. Die Strecke muss gegen fremdes Befahren abgesichert sein.

Die Schülerinnen und Schüler müssen

- auf die spezifischen körperlichen Belastungen während des Aufenthaltes im Skigebiet vorbereitet werden,
- die Verhaltens- und Sicherheitsregeln für das Befahren von Pisten bzw. Loipen und in Boarderparks und dgl. kennen, die Lehrkraft sollte sich überzeugt haben, dass beim Befahren von Schanzen, Halfpipes und dgl. entsprechende fahrtechnische Grundlagen vorhanden sind,
- den Einfluss der Witterungsbedingungen auf die Schnee- und Sichtverhältnisse kennen,
- auf den Umgang mit dem Gerät und dessen Pflege vorbereitet werden,
- sich vor und während des Aufenthaltes im Skigebiet mit der Umweltsituation im Skigebiet befassen.

Zu 8.13.3 Persönliche Ausstattung und Ausrüstung

- Die Alpinskier... sowie die Bindungen und die Schuhe müssen den aktuellen Sicherheitsvorschriften entsprechen und aufeinander abgestimmt sein.

- Für eine sicherheitsgerechte Einstellung der Bindung ... (länger als 98 cm) sind DIN-Normen... zu befolgen. Die Bindungseinstellung muss daher von fachkundigen Personen durchgeführt werden... Dies gilt insbesondere für die Einstellung von Bindungen bei ... Skiern, die kürzer als 98 cm sind (Carvelinos, Snowblades...).

- Beim Wintersport muss angemessene Kleidung getragen werden, um ein Überhitzen bzw. Auskühlen des Körpers zu verhindern.

- Beim Skifahren und Snowboarden besteht die Pflicht, Helm und Handschuhe zu tragen u. a.

Die Lehrkraft muss eine Erste-Hilfe-Ausrüstung /z. B. die Sanitätstasche nach DIN 13160 mitführen. Diese sollte folgendes Material enthalten:

- Notfalldecke..., Dreieckstuch, Fixierbinde, Sterile Verbandpäckchen mit Kompressen,

- Pflaster in unterschiedlichen Größen, Schere oder scharfes Messer.

Die goldenen Kinderskiregeln – praktische Tipps für den Kinderskikurs

Der Skilehrer muss sich in Kinderskikursen besonderen Herausforderungen stellen. Kinder leben in einer spielerischen Welt. Sie lieben Geschichten und das Fantastische. Das Skifahren lernen ist „kinderleicht", wenn mit viel Spaß spielerische Übungen in das Kinderkurskonzept eingebaut werden. Um das Ziel einer möglichst hohen Selbsttätigkeit zu erreichen, müssen bei Kindern vielfältigste Handlungsfreiräume eröffnet werden. Der Sicherheitsaspekt darf jedoch nicht vernachlässigt werden. Ein Kinderkurs verlangt daher besondere organisatorische Maßnahmen.

Auch für die Kinder gelten als Grundlage die FIS-Regeln, ergänzt werden sollten diese internationalen Gebote mit den SPORTS-Carverregeln! Sie können gut zum Anfang des Kurses verteilt werden.

Die erste Skiliftfahrt

- Vor der ersten Liftfahrt sollte das Skiliftfahren natürlich geübt werden. An vielen Skigebieten stehen dafür extra lose Bügel zur Verfügung, mit denen die Liftfahrt hervorragend nachgestellt werden kann. Vorher sollte man ganz kurz einfache „Zieh-Spiele" einfließen lassen.

- Die erste Anweisung darf nicht heißen: „Nicht hinsetzen" – denn dann werden sich einige Kinder garantiert hinsetzen. Besser ist eine klare Positivsprache: „Stehen bleiben".

- Beim ersten Lift fahren benötigt die Gruppe zusätzliche Hilfe. Ein Erwachsener sollte beim Ausstieg unbedingt helfen! Der Skilehrer hilft an der Talstation beim ersten Zustieg.

- Einige Kinder werden die erste Auffahrt nicht sofort schaffen, auch hier ist nachhaltige Geduld und Gelassenheit gefordert.

- Nach den ersten Erfolgsauffahrten scheint man es geschafft zu haben. Aber die nächste Erfahrung folgt dann sofort, denn Kinder konzentrieren sich nicht durchgängig – sie lassen sich von der Umgebung und durch ihre Verspieltheit ablenken und schon haben wir ganz schnell die nächsten „Ausstiege". Nach dieser Erfahrung klappt das Liftfahren – die Kinder können selbstständig Liftfahren!

- Falls die Wahl besteht: Tellerlifte sind für die meisten Kinder viel leichter als Bügellifte.

- Gerade Kinder probieren gerne etwas aus, natürlich auch beim Liftfahren. Selbstverständlich darf kein Slalom gefahren werden. Vorzeitiges Aussteigen ist nicht erlaubt, man gefährdet sich und andere. Der Skilehrer ist auch hier ein Vorbild.

- Die Kinder müssen darauf vorbereitet sein, dass sich der Schleppbügel nicht in der Kleidung verfängt.

- Nach einem Sturz muss die Lifttrasse sofort frei gemacht werden. An der Seite wartet das Kind auf den Skilehrer, der dann das Kind abholt. Die restliche Kindergruppe muss oben am Ausstieg warten.

- Kinder drängeln gerne, der Skilehrer sollte auf einem geordneten Ablauf, beim Anstellen, bestehen.

- Die Kinder brauchen eine klare Ansage – „oben rechts oder links aussteigen und dann den Raum freimachen"!
- Grundsätzlich fährt der Skilehrer am Schluss der Gruppe aufwärts und beobachtet so die ganze Gruppe.

Zum Sesselliftfahren
- Der Skilehrer fährt immer mit den Kleinsten. Andere Erwachsene sollten zusätzlich zur Hilfe angesprochen werden.
- Achtung: Kleinere Kinder können oft den Sicherheitsbügel nicht alleine schließen und das verantwortliche Liftpersonal ist nicht immer verfügbar!

Beispiel der Vorschrift zum Sesselliftfahren aus Grimentz, Schweiz:

Zum Pistenfahren
- Gerade für offenere Organisationsformen sollten festgelegte Halte- und Sammelpunkte am Rande der Piste gewählt werden. Diese Treffpunkte werden vorher durch die gemeinsame Kolonnenfahrt kennen gelernt und so eintrainiert. Der Skilehrer fährt dabei immer die gleichen Treffpunkte an!
- Bei schlechten Sichtverhältnissen sollten die Kinder einen möglichst kurzen Fahrabstand zueinander halten. Hier ist Kolonnenfahrt angesagt.
- Festgelegte Reihenfolgen sind durch die Kinder einzuhalten, abgeschwungen wird unterhalb der Gruppe.
- Bestimmte Reihenfolgen erzeugen immer wieder Konflikte. Diese kann man recht einfach durch spielerische Formen entkrampfen. Z. B. die Reihenfolge wird gewählt nach: Größe

der Kinder, nach Alter oder nach einer bestimmten Kleiderfarbe …, die Kinder organisieren die Reihenfolge selber!

- „Auffällige" Kinder sollten besondere Aufgaben übernehmen, z. B. als „Einsammler/Letzter" fahren.

- Auf besonders stark befahrenen Pisten, bei Überquerungen oder in schmalen Pistensituationen muss die Gruppe unbedingt als Skikursgruppe erkannt werden. Der Skilehrer wählt eine Organisationsform, die es ermöglicht, dass die Kinder keine großen Abstände lassen. Anweisung: „ihr folgt jeweils mit 20 cm Abstand …"

- Problem offenes/freies Fahren. Die Anweisung „ihr dürft jetzt frei fahren" erzeugt fast immer Probleme. Viele Kinder fahren zur gleichen Zeit im Rudel ab. Die Kinder sollten unbedingt mit größeren Abständen losfahren. Anweisung: „Jeder zählt in Zeitlupe bis 3 – dann geht es los – bis zum nächsten vereinbarten Haltepunkt".

- Gesteckte Stangenläufe bergen Gefahren, das Kind erkennt selten die Gefahr, die von oben droht. Überquerungen von Stangenläufen müssen vermieden werden.

- Gesperrte Abfahrten dürfen grundsätzlich nicht befahren werden.

- Auf die Gefahren der Pistenraupen ist besonders hinzuweisen – Abstand halten ist ganz wichtig.

Pausen – die richtige Belastungsdosierung

- Kinder benötigen häufiger Pausen. Die Zeit für Toilettengänge sind einzurichten. Getränke und Snacks sollten z. B. an einem Rucksacktreff eingenommen werden. Die Pausen müssen nur ganz kurz sein, denn Kinder erholen sich meist sehr schnell.

- Die erste Talabfahrt meistern – ein Höhepunkt, den die Kinder meist sofort wiederholen wollen – aber: Die erste Talabfahrt reicht am „Erfolgstag", denn die zweite Talabfahrt könnte einige überfordern!

Sorgfaltspflichten des Skilehrers

- Der Skilehrer sollte ein Erste-Hilfe-Set mitführen.

- Vor Beginn des Kurses, insbesondere bei Anfängergruppen, ist die Kleidung und Skiausrüstung der Skischüler zu überprüfen. Z. B. können ungeeignete Socken das Skifahren vermiesen! Auf schwächere Kursteilnehmer muss der Skilehrer besonders achten. Der Schwierigkeitsgrad der Pisten und die Geschwindigkeit müssen entsprechend angepasst werden.

- Der Skilehrer hat die Aufsichtspflicht. Zu den vereinbarten Treffpunkten erscheint der Skilehrer frühzeitig, am besten bereits zehn Minuten vorher. Hier besteht die Möglichkeit, sich mit den Eltern auszutauschen. Die Kursgröße ist zu überprüfen. Das Ende des Kurses muss gemeinsam vollzogen werden. Klare Treffpunkte und Zeiten müssen mit den Kindern/Eltern vereinbart werden!

- Die Aufsichtspflicht endet erst bei der Übergabe zu den Eltern.

- Die Motive der Eltern beeinflussen oft das Verhalten der Kinder – es sind nicht immer die Bedürfnisse der Kinder!

- Haben die Eltern und Kinder unterschiedliche Vorstellungen oder sogar einen Streit, sollte der Skilehrer sich nicht für eine Seite entscheiden, er sollte eher beratend vermitteln und sich gegebenenfalls zurückziehen.

- Der Skilehrer ist immer ein Vorbild: Er arbeitet nicht mit „Tricks", er erklärt, begeistert und motiviert – bringt Spannung in den Skialltag – er nutzt eine positive Sprache/Körpersprache. Sein Verhalten ist immer vorbildlich, auch seine Kleidung (z. B. Helmpflicht). Auch die Eltern beobachten gerne, in wie weit sich der Skilehrer „profimäßig" zeigt.

- Kinder vergessen/verwechseln gerne etwas – sie sind nicht immer gut organisiert, z. B. geht schnell ein Handschuh verloren. Der Skilehrer sollte immer Ersatzhandschuhe im Rucksack haben.

- Kinder lernen meist schnell und einfach, jedoch müssen die Methoden an die jeweilige Altersgruppe und der Entwicklungsstufe angepasst werden. Zusätzlich sind auch die Kinder in der gleichen Altersgruppe sehr individuell – sie verhalten sich unterschiedlich und lernen je nach Lerntyp anders dazu.

Einige grundsätzliche Prinzipien

- Beim Kinderskikurs hat das soziale Lernen eine wesentliche Funktion – skitechnisches Lernen und soziales Lernen sollten daher ausgewogen stattfinden.

- Weniger mit technikorientierten Aufgaben und Bewegungsbeschreibungen arbeiten.

- Mehr bildhaften Aufgabenstellungen einsetzen, über Bewegungsgeschichten motivieren – gerade die Kleinsten leben in einer eigenen „Kinder-Schneewelt", in einer eigenen Fantasie, diese sollte genutzt werden.

- Ältere Kinder und Jugendliche lieben eher sportliche Aufgabenstellungen, deutliche Fremdsteuerungen stoßen auf Gegenwehr, offenere Kursformen sind hier notwendig.

- Variable Aufgaben gehören zum situativen Lernen, die Aufgabenstellungen müssen wetter- und geländegemäß kreativ anpasst werden.

- Jede Art von Differenzierung sollte genutzt werden.

- Die Selbsttätigkeit sollte gefördert werden – die Handlungskompetenzen können so besser erweitert werden.

- Einige Kinder benötigen mehr Zuspruch, z. B. „ich will erster sein" – spezielle Aufgaben führen zu mehr Selbstbestätigung und Entspannung, Sonderbehandlungen, besondere Aufgabenstellungen und Regeln müssen für die Gruppe möglichst transparent sein.

Dominique Gruber aus St. Niklaus/Grächen, Wallis – Kinderskiexpertin Schweiz

Wie lernt man noch besser

- Lob spornt an, aber es sollte immer konkret sein – kein Pauschallobsystem einsetzen

- „Gummibärchen" gehören zur Grundausstattung eines jeden Kinderskikurses.

- Das Lernen funktioniert viel besser in einer positiven Atmosphäre und mit „vertrauten" Skilehrern!

- Bei „Lernkomplikationen" immer einen Schritt zurückgehen und über das Gewohnte/das Geübte für Sicherheit und Erfolg sorgen.

- Neue Pisten sind oft schwerer – man sollte diese nur wählen, wenn sicher ein Erfolg zu erwarten ist.

- Auch Kinder lernen mehr über Imitation (lernen über Beobachtung) – d. h. das Bewegungsvorbild nimmt eine herausragende Bedeutung ein! Das gilt auch für alle anderen Verhaltensweisen.

- Kinder lernen auch durch „falsche" Vorbilder, d. h. sie imitieren die „falsche" Bewegung und machen diese nach ... – Fazit: Nur das Richtige anbieten.

- Neue Lerninhalte sollten eher vormittags eingeführt werden – nachmittags ist es besser, das Neue zu üben, zu festigen.

Pistenregeln – FIS-Regeln

1. **Rücksicht auf die anderen Skifahrer**
   Jeder Skifahrer muss sich so verhalten, dass er keinen anderen gefährdet oder schädigt.

2. **Beherrschung der Geschwindigkeit und der Fahrweise**
   Jeder Skifahrer muss auf Sicht fahren. Er muss seine Geschwindigkeit und seine Fahrweise seinem Können und den Gelände-, Schnee- und Witterungsverhältnissen sowie der Verkehrsdichte anpassen.

3. **Wahl der Fahrspur**
   Der von hinten kommende Skifahrer muss seine Fahrspur so wählen, dass er vor ihm fahrende Skifahrer nicht gefährdet.

4. **Überholen**
   Überholt werden darf von oben oder unten, von rechts oder links, aber immer nur mit einem Abstand, der dem überholten Skifahrer für alle seine Bewegungen genügend Raum lässt.

5. **Einfahren und Anfahren**
   Jeder Skifahrer, der in eine Skiabfahrt einfahren oder nach einem Halt wieder anfahren will, muss sich nach oben und unten vergewissern, dass er dies ohne Gefahr für sich und andere tun kann.

6. **Anhalten**
   Jeder Skifahrer muss es vermeiden, sich ohne Not an engen oder unübersichtlichen Stellen einer Abfahrt aufzuhalten. Ein gestürzter Skifahrer muss eine solche Stelle so schnell wie möglich freimachen.

7. **Aufstieg und Abfahrt**
   Ein Skifahrer, der aufsteigt oder zu Fuß absteigt, muss den Rand der Abfahrt benutzen.

8. **Beachten der Zeichen**
   Jeder Skifahrer muss die Markierung und die Signalisation beachten.

9. **Hilfeleistung**
   Bei Unfällen ist jeder Skifahrer zur Hilfeleistung verpflichtet.

10. **Ausweispflicht**
    Jeder Skifahrer, ob Zeuge oder Beteiligter, ob verantwortlich oder nicht, muss im Falle eines Unfalles seine Personalien angeben.

Sicherheitsregeln Carving von SPORTS

Neben den FIS-Regeln sollten „Carver" folgende Punkte besonders beachten.

1. **Carving** bietet schon bei moderater Grundgeschwindigkeit volles Kurvenfeeling. Strebe als Carver die erhöhte Kurvengeschwindigkeit und nicht generell hohes Tempo an.

2. **Carvertechnik und Carverski** versprechen eine sichere Spur auch bei höherem Tempo. Beachte aber die Linienführung anderer Fahrer, kalkuliere größere Abstände ein und überhole weiträumiger.

3. Wenn man beim **Carving** stürzt, fällt man im Gegensatz zu früher meist in die Kurve hinein. Zehre durch Körpergleiten die Sturzenergie auf und vermeide so gefährliche Überschläge und Drehungen.

4. **Carverski** gleiten im Schuss nicht ganz so ruhig wie klassische Skitypen. Vermeide zu hohes Tempo und führe den Ski aufmerksam.

5. Halte Dich bei frequentierter Piste an einem engen Korridor entlang der Falllinie. Auch **Carverski, die auf weite Kurven** ausgelegt sind, lassen kleine Schwünge zu.

6. Gewöhne Dir den „**Carverblick**" an: Schaue während stärker ausgezogenen Schwüngen den Berg hinauf, um Kollisionen zu vermeiden.

7. Lasse Dich beim Training und bei der Ausführung sogenannter 360er oder Kreiskurven von einem Beobachter leiten. Der **Carverblick** ist dabei obligatorisch.

8. Versuche **Hand- und Bodycarven** nur bei festem Schnee und planer Bahn.

9. Lasse Deine **Sicherheitsbindung** sorgfältig einstellen. Die Berechnung sollte dabei berücksichtigen, ob Du ein moderater oder ein extremer Carver bist.

10. Dein Ski hat nur Führungskraft, wenn Kanten und Belag in einem optimalen Zustand sind. Sorge für einen häufigen und **regelmäßigen Service**.

ANHANG – Methodik/Didaktik

Wie wichtig ist die „Pflugstütze" für Kinder und Kleinkinder?

Erfahrungen, Beobachtungen, Diskussionen

Skifahren lernen ohne Pflug, ohne Pflugbogen funktioniert nicht – „wie soll das gehen" und „das geht gar nicht" – ist die herrschende Meinung in der Skischulszene.

SPORTSnachwuchs befasst sich schon lange mit den „direkten Wegen zum Skifahren": der direkte Weg zur parallelen Skistellung, ohne Pflugbogen. Zum Beispiel über die Methode mit ansteigender Skilänge (erst Einsatz von Shorties 99cm/ 130er Skiern). Diese Wege werden für Erwachsene und Jugendliche beschrieben und funktionieren gut.

Aber kann das auch mit Kindern und Kleinkindern gehen?

Für die Zielgruppe Kinder gibt es eine weitere Lehrmeinung: Die Kinder benötigen den Pflug als Stütze, damit eine stabile Körperlage entsteht – die Kinder haben oft Rücklage „wegen der ungenügenden muskulären Entwicklung".

Mit diesem Aufsatz wollen wir die Diskussion anregen, in wie weit alternative Methoden sinnvoll und anwendbar sind.

Ausgangslage

Wir gehen von der Beobachtung aus, dass die meisten Kinder, die nur über das Pflugbremsen und den Pflugbogen das Skifahren gelernt haben, diese Technik über Wochen als Dauertechnik einsetzen. Bei vielen Kindern ist diese Bewegungslösung so eingeprägt, dass es immer wieder schwierig ist, sie zum parallelen Schwingen zu bringen. Gleichzeitig stellt sich bei einem hohen Anteil eine Dauerrücklage ein, d. h. die Kinder driften mit dem Talski über den hinteren Teil der Kante. Bei kleinen Kindern gilt das auch als lustig und ansehnlich, wie die Kids in einer temporeichen Schussfahrt die Hänge bewältigen – und immer in der Pflugstellung bleibend. Dieser Erfolg ist auch lobenswert. Interessant ist trotzdem die Fragestellung, ob man mit Kindern früher und schneller zum parallelen

Skifahren kommen kann. In den traditionellen Skischulen der Alpenländer wird sich meistens diese Frage entsprechend der Zielgruppe nicht gestellt. Vor allem, weil oft die Gruppen größer sind und dadurch der Sicherheitsaspekt vorrangig ist.

Oft lassen die Größe der Lerngruppen und die wichtigen Sicherheitskriterien eine direkte Methode nicht zu, sie ist kaum praktikabel. Eine innere Differenzierung ist auch aus wirtschaftlichen Gründen kaum möglich, da selten zwei/drei Skilehrer für eine Gruppe eingesetzt werden können. Funktionieren könnte jedoch ein Lehrweg über den Geländegarten.

Neben den Chancen, neue Problematiken – Beispiel: Skifahren lernen in der Skihalle

Kinder, die z. B. die ersten fünf Tage in der Skihalle das Skifahren gelernt haben, können das Skifahren nur über das Pflugfahren lernen. Das parallele Gleiten, das Schussfahren kann in der Halle kaum geübt werden, weil nur schmale Abfahrten zur Verfügung stehen und ein großzügiger Raum nicht vorhanden ist. Damit das Skifahren sicher bewältigt werden kann, muss der Ski auch eine Mindestlänge haben, der Ski kantet dann besser, die Kinder kommen schneller zum Stehen.

Im folgenden Jahr probieren es die Kinder dann in den Alpen aus. Die erlernte Technik kann hier auf viel größeren Hängen angewandt werden. Nach unseren Erfahrungen stellt sich gerade bei diesen Kindern der nächste Lernschritt als überaus schwierig dar – der Weg zum kurzen, parallelen Schwingen. Die große Pflugstellung wird sicher beherrscht, die leichten Hänge auch sicher und kontrolliert bewältigt. Jedoch ist dieses Bewegungsmuster so stark eingeprägt, dass eine Öffnung nur sehr schwer erfolgt.

Das gelingt nur über einen langwierigen Prozess, über das Aufbrechen der Bewegungsmuster mit Hilfe von temporeichen Schwüngen und Spielschwüngen. Erschwerend kommt dazu, dass die Kinder viel zu lange Ski mitbringen (z. B. Neunjährige mit 140er Ski). Die Kinder kommen nur langsam und ganz behutsam mit den langen Skiern um die Kurve.

Hier hilft nur noch ein Skiwechsel – für ca. zwei Tage. Sobald die Kinder den Bogen schneller in einem kürzeren Radius fahren können und das Tempo erhöht wird, kann und sollte wieder auf den längeren Ski gewechselt werden.

In ihrer „zweiten Lernwoche" werden nach unserer Erfahrung diese Skihallen-Kinder hinsichtlich Tempo- und Geländefähigkeit/Standfestigkeit und Skitechnik bereits nach ca. drei/vier Skitagen leicht von Anfänger-Kindern „überholt", die über die „direkte Methode" gelernt haben.

Erfahrungen mit Sechs- bis Siebenjährigen – Skifahren lernen über die direkte Methode, ohne Pflugbogen – auch ein ökonomischer Zwang

Nach unseren Erfahrungen in Skischulen von Reiseveranstaltern gelingt das Skifahren ohne Pflugbogen bei mindestens 80-90 % der Kinder. Bei diesen Veranstaltern entsteht oft keine „wirtschaftlich vernünftige Gruppengröße". Es melden sich zwei oder vier Kinder aus dieser Altersgruppe an. Diese Kinder werden durch einen Intensivkurs innerhalb eines Tages an die sogenannte „blaue Gruppe" (ca. eine Woche Ski-Erfahrung) herangeführt. Und das funktioniert oft schon innerhalb von 2-3 Stunden, maximal innerhalb eines Tages.

Kurzbeschreibung für das Skifahren lernen über die direkte Methode

Schussfahren, Schussspiele, Schwung bergwärts, dabei dreht der Oberkörper seitwärts zur Kurvenmitte, die Außenhand wird nach vorne geführt (alles spielerisch vermittelt). Nachmittags erfolgt die Integration in die „blaue Gruppe", beim Smarties-Fahren (ein leichter fast vertikaler Slalom) wird Wert auf das Vorgehen der Außenhand gelegt. Über Farbmarkierungen und Aufgabenstellungen werden Technikbeschreibungen überflüssig, z. B. können die Kinder „Links/Rechts-Kommandos" nicht umsetzen – „wo ist rechts?" Die Slalom-Station ermöglicht eine innere Differenzierung – ergänzend wird der plötzliche Stopp geübt (Not-Stopp), die Skier werden stärker quergestellt.

Die Kinder haben am ersten Tag die Fähigkeit erreicht, einen leicht geneigten Hang sicher, aber auch schwungvoll zu meistern. Die Tempo- und Geländefähigkeit ist schon gut ausgeprägt, die Grundfunktionen Beugen, Strecken, Kippen/Knicken und Drehen sind erfahren worden. Der Brems-Sicherheitspflug wird natürlich kurz eingeführt. Im Ergebnis fahren die Kinder in einer eher parallelen Skistellung, sie setzen als Kurvenlösung nicht den Pflugbogen ein!

Voraussetzungen
- die Kinder verfügen über eine altersentsprechende Bewegungserfahrung (viele Kinder fahren schon im Vorschulalter Inliner, ohne Winkelstellung/Pflugstütze, sie verfügen über genügend alltagsmotorische Erfahrung)
- das richtige Gelände, leicht geneigter Hang mit flachem Auslauf
- ein kurzer Ski (100 cm, auch für größere Kinder/ab ca. 12 Jahren mit Shorties, besser mit 130er-Lerncavern), die Kinder finden ganz schnell ihr Gleichgewicht, die Kinder können sich auf kurzen Kinderski nicht in die Rücklage lehnen, von Anfang an fahren die Kinder über die Skimitte, das Drehen ist mit dem kurzen Ski ein Kinderspiel.
- Kleingruppenunterricht mit inneren Differenzierungsmöglichkeiten

Wichtig: Sobald die Kinder ihr Tempo erhöhen, sollte man auf längere (120, 130er) Ski wechseln, das ist oft am dritten/vierten Skitag notwendig. Die Skifahrt wird mit kurzen Skiern ansonsten zu instabil, Sturzgefahr droht.

Beobachtungen mit Vier- und Fünfjährigen – das Vorschulalter
Auch hier gilt: Bewegungserfahrene Kinder können sofort mit 70er Ski gleiten und Kurven fahren. Sie stellen sich einfach auf die Skier und fangen an Ski zu fahren – das funktioniert innerhalb von Minuten. Das richtige Gelände auswählen, die Kinder selbst ausprobieren lassen, die richtige Motivation, am besten mit anderen erfahrenen Kindern fahren lassen, die die Kleinen „mitziehen". Mit den ganz kurzen Skiern kann man kaum eine Pflugstellung einnehmen (vergleiche auch „Inliner-Erfahrungen"). Sie stehen natürlich auf beiden Skiern und finden ihr Gleichgewicht, ihre Körperspannung. Der Schwungwechsel wird mit einem Drehen des Oberkörpers eingeleitet, die Ski werden leicht gekantet oder auch schwungvoll quergestellt. Die Kinder fahren sofort Ski – die physische Entwicklung lässt das Skifahren ohne Pflugbogen zu. Das funktioniert nicht mit zu langen „Latten", die nur schwer zu drehen sind. Viel einfacher ist das mit kurzen Kinderski.

Warum ohne Pflugstütze?
Erhöhter Spaßfaktor – nach nur fünf Skitagen

Das Skifahren macht noch mehr Spaß, sobald die Kinder auch mittelschwere Hänge mit Tempo und kleinem Kurvenradius, mit rhythmischen Schwüngen in einer fließenden Fahrweise nahe der Falllinie sportlich meistern – ohne vorsichtige Pflugbögen, sondern schon in paralleler Skistellung. Nicht immer perfekt, teilweise noch mit leichten Winkelstellungen aber ganz bestimmt schon richtig fahrtüchtig. Diese Erfahrungen können die Kinder schon nach vier/fünf Skitagen erleben!

Die Kinder fahren viel eher schneidend durch die Kurve – und das sportliche Carven erhöht den Spaßfaktor!

Mit oder ohne Skistöcke – ab wann können / sollten Skistöcke eingesetzt werden?

In der ersten Skikurswoche mit Kindern stellt sich immer die spannende Frage: An welchem Skikurs-Tag setze ich die Skistöcke ein?

Insbesondere bildet der Entwicklungsstand der koordinativen Fähigkeiten die Basis für die „richtige" Entscheidung. Grundsätzlich ist die Entscheidung auch abhängig vom methodischen Weg, vom Unterrichtskonzept. Wie will ich zu welchem Ziel kommen? Ähnliche Fragen und Abhängigkeiten gelten im Prinzip auch für Erwachsene.

Erfahrungen und Beobachtungen

- Früher wurden bei traditionellen Unterrichtswegen (siehe zahlreiche alte Skibücher) die Skistöcke oft von der ersten Stunde an mitgenommen. Zum Teil werden heute noch die Skistöcke zu früh eingesetzt, obwohl eine skifahrerische Funktion nicht erkennbar ist. Zum ersten Kurvenfahren werden sie nicht benötigt. Daher fangen „modernere" Unterrichtskonzepte ohne Skistöcke an (vgl. auch die Lehrpläne der Alpenländer).

- Am Anfang stören die Skistöcke eher, da die Bewegungsabläufe mit Skistöcken sehr komplex sind. Es werden statt zwei neuen Lerngeräten vier Lerngeräte (Skier und Stöcke) eingesetzt. Viele Anfänger fühlen sich in ihrem ganzen Bewegungsablauf ohne Skistöcke freier, denn die Bewegungsabstimmungen sind für die meisten Anfänger schwer koordinierbar! Das gilt vor allem für jüngere Einsteiger und für Anfänger mit lernmotorischen Auffälligkeiten. Zu beachten ist hierbei das sogenannte „goldene Zeitalter" für das koordinative Lernen (ca. 9 – 12 Jahre). In diesem Alter lässt sich eine funktionsgerechte Einführung am ehesten verwirklichen.

  Auch bei der ersten Liftfahrt stören die Stöcke massiv. Die Praxis zeigt: „Wohin mit den Skistöcken"? Meist muss dann der Skilehrer die Skistöcke tragen.

Ab wann sollten der Skistöcke trotzdem in einer ersten Skikurswoche eingeführt werden?

- Das Gelände verlangt eine frühere Einführung: Zum Beispiel bei immer wieder zu bewältigenden längeren Flachstücken (lange, flache Ziehwege müssen unbedingt benutzt werden), bei größeren ansteigen-den Geländeformen oder im tiefen Schnee.

  Zu beachten: Das Gelände ist immer dann zu schwer, wenn es zu einer frühen Erschöpfung führt und damit das Lernen erschwert wird.

  Kürzere Übergänge mit ansteigendem Gelände stellen für Kinder jedoch kein Problem dar! Sie fördern sogar den Bewegungsschatz. Sie bewältigen den Hügel ganz flink und einfach im Treppen- oder im Grätenschritt.

- Die Kinder/die Eltern verlangen den Einsatz – die Kinder wollen es den Großen nachmachen!

- Auf diese, oft fremd gesteuerte Motivation, muss im Einzelfall individuell eingegangen werden, um die anstehende Entscheidung abzuwägen. Wenn die Entscheidung in Richtung Skistockeinsatz gefallen ist, sollte der Einsatz unbedingt positiv eingeleitet werden. Das Kind ist auf seine Stöcke stolz – dann sollte es die Stöcke benutzen!

- Der Skilehrer/die Skilehrerin ist nicht dazu da, ständig die Skistöcke der Kursgruppe zu tragen! Das kann bei einem zu frühen Einsatz gefordert und notwendig werden.

Die Förderung der Selbstständigkeit sollte immer im Vordergrund stehen. Der Anfänger verlässt sich sonst zu oft auf fremde Hilfe! Wenn das Kind z. B. das Stocktragen nicht bewältigen kann, ist der Einsatz der Stöcke zu früh vorgenommen worden.

- Der motorische Lernerfolg erlaubt bei Einzelnen den Einsatz. Auch hier sollte das individuell und situativ entschieden werden.

- Der erste Einsatz der Stöcke muss auch nicht die ganze Gruppe betreffen. Nicht jedes Kind muss die Stöcke mitnehmen.

Das Thema ist ganz unaufgeregt zu behandeln.

- **Skitechnische Empfehlung:** Für Kinder bis zu einem Alter von ungefähr 7 Jahren ist es empfehlenswert, Skistöcke erst ab dem Fahren in paralleler Skistellung zu nutzen. Das kann sich über Jahre hinziehen. Bei älteren Kindern und Jugendlichen ist der Einsatz beim Übergang vom Pflugdrehen zum parallelen Kurvenfahren sinnvoll.

  Beim Lernen über die Methode mit ansteigenden Skilängen (mit Kurz-Cavern) sollte der Einsatz frühestens mit der Nutzung von längeren Skiern erfolgen, sobald der Parallelschwung grob und sicher beherrscht wird und eine Basis-Fahrtüchtigkeit erreicht worden ist.

Weitere Beobachtungen

- Jugendliche und Erwachsene können oft nach drei/vier Tagen die Stöcke sinnvoll nutzen. Die komplexe Bewegung ist koordinierbar.

- Gerade „motorisch Schwächere" benötigen u. U. die Stöcke, da sie diese zur Fortbewegung und zur Abstützung als Gleichgewichtshilfe benötigen. Die Stöcke geben Halt und Sicherheit!

- Jüngere Kinder, bis ca. 7/8 Jahren, benötigen die Skistöcke in der ersten Skiwoche und auch in den Folgenjahren gar nicht! Die koordinativen Fähigkeiten reichen nicht aus. Die Stöcke stören einfach. Das „goldene Zeitalter" des

- Bewegungslernens mit der Steigerung der Koordinationsfähigkeiten setzt erst im Alter von 8/9 – 12/13 ein. Dabei sind Ausnahmen immer wieder zu beobachten. Auch Siebenjährige setzen im Einzelfall die Skistöcke schon sinnvoll als Gleichgewichtshilfe ein.

- Oft wollen fortgeschrittene Kinder, die bereits „schwarze Hänge" souverän meistern, auch noch im Alter von 8 -10 Jahren intuitiv die Stöcke nicht mitnehmen! Sie spüren selber, ob die Stöcke Nutzen bringen. Eine Verordnung zum Einsatz hilft nicht weiter.

- Ausnahme: Das Kind orientiert sich zum Rennsport – das skitechnische Training überwiegt, gegenüber anderen Entscheidungskriterien.

- Zur Skitechnik: Die Skistöcke sollten bei Kindern nicht nur als aktive Unterstützung einer Hochbewegung benutzt werden. Eine diesbezügliche einseitige Schulung fördert nicht das gleitende Kurvenfahren, sondern führt zu rutschenden Bremsschwüngen.

Warum sind Skistöcke sinnvoll?

Skistöcke sind nicht nur für die rhythmische Schulung und als Auslösehilfe sinnvoll. Durch den festen Griff am Stock wird eine Körperspannungsübertragung erzeugt. Gleichzeitig werden die Kompaktheit und eine frontale Körperposition geschult – besonders wichtig bei Schülern, die zu Überdrehungen neigen. Ebenso unterstützen die „ausgestreckten" Stöcke das Gleichgewicht.

Wie führt man die Skistöcke am besten ein?

Aufgaben und spielerische Gewöhnung an das neue Gerät – einige Beispiele:

- Z. B., Wettrennen in der Ebene, die Stöcke müssen dabei deutlich zur Vorwärtsbewegung eingesetzt werden, die Kinder spüren den Nutzen der Skistöcke (Einstieg)
- Sich mit dem Stock ziehen lassen (Stockziehen, auch als Staffellauf)
- Standübung: Hände durch die Schlaufe führen (von unten) und den Stockgriff fest greifen
- Einen Stock/beide Stöcke zusammen über den Körper führen/oder um den Körper herumführen (im Stand, beim Warmmachen oder bei der Fahrt)
- Mit einem Stock: den Stock während des Fahrens von einer Hand zur anderen Hand wechseln lassen (auf die richtige Seite wechseln, von Innenhand zur Talhand) eine Übung für Könner und ältere Kinder (Trainingsbereich)
- Mit Betonung der Kreuzkoordination: Abwechselnd in Diagonaltechnik die rechte und linke Hand nach vorne führen (Kurvenfahren mit Ganzkörper-Innenlage/-Schräglage und tiefer Körperposition). Die Bewegung verläuft dabei horizontal, nicht vertikal. Das rhythmische Schwingen wird gefördert, ebenso das Carven mit einer extremen Kurvenlage.
- Die Stöcke werden mittig gefasst (beide Hände sind vor dem Körper sichtbar), zur Schulung der frontalen und kompakten Position
- Gezielter Stockeinsatz bei einem Hochschwung zur Unterstützung der Vertikalbewegung und Rhythmisierung des Bewegungsablaufs, setze den Stock direkt vor der Bindung ein
- Der Spielschwung, der „Flieger": die Arme werden als Flügelfläche seitlich und weit ausgestreckt, die Stöcke sind unsere Düsenantriebe (Gleichgewichtsunterstützung)

Mit Kindern im leichten Neuschnee auf der noch nicht gänzlich präparierten Piste.

Nicht erlaubt: Abseits der Piste – im „Tiefschnee" – darf ein/e Skilehrer*in die Gruppe nicht führen!

Alternative Tiefschnee – Einführung, für Jugendliche und Erwachsene

Nach Walter Kuchler, Seminar Pruggern 1982 – immer noch sehr interessant!

Vorgehensweise

Bei dieser Tiefschnee-Einführung werden die sieben Regeln gemeinsam stufenweise erarbeitet. Jede einzelne Regel wird zunächst vorgestellt und dann am Hang ausprobiert. Nach der ersten Regel – nach dem ersten Hangabschnitt – fo lgt die nächste Regel, usw. Nach Bewältigung eines Hangabschnitts erfolgt direkt ein Erfahrungsaustausch. Motivation, Begeisterung und Mitarbeit in der Gruppe erhöht die Freude bei der Umsetzung.

Folgende Regeln werden schrittweise erarbeitet:

Regel 1	**Geschwindigkeit**
	Es muss eine ausreichende Geschwindigkeit gefahren werden, da der tiefere Schnee einen erhöhten Widerstand bietet.
Regel 2	**Direkte Linie fahren**
	Der Tiefschneefahrer muss möglichst in der Falllinie bleiben. Die Falllinie ist der kürzeste Weg in Richtung Tal. Ansonsten droht ein Tempoverlust, der Rhythmus wird unterbrochen und somit der Drehwiderstand verstärkt.
Regel 3	**Ganzkörpereinsatz**
	Im Tiefschnee muss gearbeitet werden. Das Tiefschneefahren erfordert mehr Kraft als Pistenfahren. Eine leichte Rotation zur Schwungeinleitung ist vorteilhaft.
Regel 4	**Vertikalbewegung**
	Durch Be- und Entlastung (eine Hoch-/Tiefbewegung) ist der Drehwiderstand zu überwinden. Statische Haltungen hindern das Gelingen.
Regel 5	**Blockbildung**
	Parallele und geschlossene Skistellung sowie beidbeinige Belastung ermöglicht eine Blockbildung. Offene Skistellung erschwert das Drehen – einseitige Belastungen verursacht einseitiges Einsinken.
Regel 6	**Kämpfen**
	Die innere Einstellung ist Voraussetzung für das Gelingen.
Regel 7	**Alle Regeln anwenden – dann gelingt es!**

Anmerkung aus der heutigen Sicht/Zeit

Diese sieben Regeln nutzen uns heute immer noch – sie sind gültig. Jedoch bieten sich heutzutage auch andere Lösungen an, z. B. das Carven mit den breiten Skiern im Tiefschnee (Freeride), mit stärkerer Belastung des äußeren Skis, für die längeren Turns.

Weitere Tipps: den Schwung nicht erzwingen, mit Gefühl belasten, falls eine Rücklage entsteht, sofort wieder die mittlere Position einnehmen – je nach Schneeart die Position verändern und anpassen.

Mein Wochenplan – meine Erfolgskarte „Ich kann Skifahren"

Alter: 4 – 10 Jahre

Name: _____   Ski-Woche: _____

ICH KANN …	NACHWEIS! Wo? Wie? Was? Wann?	Anzahl Smilies je 1-3	😃
Zum Start			das kann ich ✓
• meine Ski alleine anziehen und ausziehen, meine Handschuhe und den Helm sind immer dabei • mich in der Reihe aufstellen • stürzen und alleine wieder aufstehen		🙂🙂🙂	
SCHUSSFAHREN – „mit Tempo"			
• Schussfahren im flachen Gelände, und kann anschließend stoppen		🙂	
BREMSEN – „das kann ich sicher"			
• mit dem „PIZZA-Pflug" bremsen, und die erste Kurve fahren		🙂🙂	
• bremsen, indem ich eine Kurve fahre, den Berg wieder hinauf		🙂🙂	
• die Ski plötzlich querstellen, zum NOT-STOPP		🙂🙂🙂	
KURVENFAHREN – „es CARVT"			
• mit einem „Temposchwung" den Hang wieder aufwärtsfahren, in der Skistellung „POMMES"		🙂	
• wie ein Segelflieger gleiten		🙂🙂	
• mich wie mit einem Motorrad in die Kurve legen, auf Schienen fahren		🙂🙂🙂	

ICH KANN …	NACHWEIS! Wo? Wie? Was? Wann?	Anzahl Smilies je 1-3	😃
TRICKS & KUNSTSTÜCKE – „Top-Klasse"			
• mich ganz klein machen, danach die Hände wieder in den Himmel strecken		🙂	
• ein Stück Rückwärtsfahren, auch mit Kurven		🙂🙂	
• Slalom fahren		🙂🙂 🙂	
• Springen		🙂🙂	
• Walzer fahren, ich drehe mich fast ohne Ende		🙂🙂 🙂	
ETWAS GANZ BESONDERES – „meine Kür"			
• am Pistenrand, in meiner Buckel-Wellen-Bobbahn fahren		🙂🙂 🙂	
• in den Tiefschnee fahren, sogar mit ersten Kurven		🙂🙂 🙂	
• _____		🙂🙂 🙂	
Für die tolle Gruppenstimmung vergebe ich:		🙂 oder 🙂🙂	
GESAMTZAHL S M I L I E S	"DAS KANN ICH GUT" →	maximal 40 x 🙂	=

ERFOLGS-KOMMENTAR – die Ehrung durch meine Skilehrerin / meinen Skilehrer:

_____
DATUM / ORT

_____   _____
MEINE UNTERSCHRIFT   MEINE SKILEHRERIN / MEIN SKILEHRER

Übersicht – einen Wochenplan erstellen:
„Lernen im Kinderpark – jedes Kind ist anders"

Differenziertes Vorgehen am Beispiel einer gemischten Einsteiger-Gruppe im Alter von 4 bis 8 Jahren, z. B. mit 7 bis 8 Kindern – Einsatz: 3 Skilehrer*innen

Unsere Erfahrungen aus einem typischen Kinderkurs unserer Familienfreizeiten

Zielgruppe	4-5-Jährige: Langsam-Beginner Absolute Anfänger	4-5-Jährige: Schnell-Lerner 0-2 Tage Skierfahrung	5-6-Jährige: 0-2 Tage Skierfahrung	6-8-Jährige: vorsichtige Lerner, 0-4 Tage Skierfahrung	6-8-Jährige Schnell-Lerner; 1-3 Wochen Skierfahrung
Planphase: Analyse – erste Zielgruppen-Beschreibung	mit geringen Erfahrungen, auch motorisch, vermisst die Eltern, ermüdet schneller	können bereits auf einem Bein länger hüpfen, können die Handschuhe selbst anziehen, sich von den Eltern lösen, sind belastungsfähig	motorisch weniger Erfahrung, sozial-emotional nicht gefestigt	evtl. sind bereits negative Erfahrungen gesammelt worden	mutige Lerner, motorisch/ koordinativ gut entwickelt
Planphase: Differenzierte Zielsetzung für einen Wochen-Skikurs Lernziele	Gleiten auf einer kurzen Strecke über einige Meter sowie Bremsen durch einen Schwung bergwärts, mit Hilfestellung, den Zauberteppich nutzen	Gleiten und erste Kurven fahren am flachen Hang, evtl. selbstständig Tellerlift fahren	Gleiten, Kurvenfahren am leichten, kurzen Hang, Tellerlift fahren	zuerst neue Motivationen schaffen, Gleiten, Kurvenfahren am leichten, kurzen Hang, Tellerlift fahren	bewältigt jede rote Piste, beherrschen auch schon schwierigeres Gelände, Tempofahren
Startplan	Gemeinsamer Beginn: Kennenlernen – Vertrauensbildende Maßnahmen am Vorabend – Elterngespräche				
Organisationsplan	Geländeauswahl, Orientierung – Auswahl Spielgeräte – Tagesplanung – Treffpunktvereinbarungen				
Wir starten: erster Tag sowie tägliche Vorgehensweise	Gemeinsames Aufwärmen – singen und spielen… nicht zu lang (Ermüdungsgefahr) -vielleicht in Verbindung dabei die Skier einsetzen und nutzen-				
Erste Lernschritte und Aufteilung in Kleingruppen/ drei Skilehrer	spielend gehen, stampfen, schreiten, erstes Aufsteigen und wenige Meter gleiten, mit Auffangen…	Gehen, stampfen, schreiten, erstes Aufsteigen und einige Meter gleiten	Gehen, stampfen, schreiten, erstes Aufsteigen und mehrere Meter gleiten	Schneller Übergang zum Gleiten und Bremsen	Mit dieser Kleingruppe geht es direkt hoch zum ersten kleinen Übungslift…
	Immer wieder Pausen einlegen, verschnaufen lassen, Spiele einfließen lassen – Kinder erholen sich schnell, kurze Pausen reichen oft – evtl. ist ein Toilettengang notwendig, vielleicht ist eine „emotionale Pause" notwendig, evtl. bringt der nächste Tag den Fortschritt…				
Ab 2./3. Skitag: Vergleiche Lernstationen im Kinderpark, bzw. unser Konzept „Lernsituationen"		**Zum Beispiel** Gleiten, erste Kurven mit Hilfestellung, z. B. mit Seilhilfe eine Kurve fahren, schnell die Hilfe abbauen – hin zur Selbsttätigkeit führen	**WICHTIG** Nicht eine Woche lang in der Pflugstellung verharren, mit einer starren Körperhaltung. Über Spielschwünge die elementaren Fähigkeiten erweitern.		
	Tabelle schrittweise erweitern, vervollständigen				

Unterricht planen – Zwei beispielhafte Wochenpläne

Zielgruppe: 7 bis 8-Jährige, eine Woche Skierfahrung in einer Skischule

Taktgeber	Sicherheit schaffen – das Gelernte festigen – anwenden, variieren – das Nützliche erkennen – optimieren und gestalten				
	1. Tag	2. Tag	3. Tag	4. Tag	5. Tag
Lernsituationen, Schwerpunkte **Wochenziele:** Pflugbogen abbauen Steigerung der elementaren Fähigkeiten	Stoppen, Zielbremsen Kurven fahren mit den Kernbewegungen Drehen und Kippen	verschiedene Körperpositionen ausprobieren: strecken/beugen, vorne/hinten Geländebesonderheiten nutzen	Situation Nebel/Schneefall Spielschwünge als Trainingsschwünge: vorwärts/rückwärts, mit Spielgeräten eine neue Schneeart am Pistenrand erspüren	stabile Grundposition stärken Tempo erhöhen, Schuss-Spiele, über Schussfahren in eine Kurve fahren	die erste schwierige Talabfahrt meistern Spurbilder variieren, große/kleine Radien bewältigen

Zielgruppe: 12 bis 13-Jährige, zwei Wochen Skierfahrung, zum Einstieg wurden kurze Lerncarver genutzt

Taktgeber	Sicherheit schaffen – das Gelernte festigen – anwenden, variieren – das Nützliche erkennen – optimieren und gestalten				
	1. Tag	2. Tag	3. Tag	4. Tag	5. Tag
Lernsituationen, Schwerpunkte **Wochenziele:** sportliche Anreize setzen Steigerung der elementaren Fähigkeiten Basistechniken verbessern	Standfestigkeit erhöhen: gezielt unterschiedliche Gelände- und Schneesituationen suchen Körpepositionen variieren	Kurvenfahren über Kippen Tempogewöhnung, Schussfahren, mit Schwung bergwärts	Skitricks vorwärts/ rückwärts Geländepark nutzen Geheimwege finden, neue Geländeformen	unterschiedliche Skistellungen ausprobieren Grundformen Carven schneidend und driftend fahren Kurzschwünge	Spurbilder variieren, große/kleine Radien Räume selbst einteilen

Alpenstille Workshop „Skipräparation Basic"

1.) Kante und Belag:

1.1) Kantenwinkel:

1.1a) Belagseitiger Kantenwinkel:

Alpinski werden mit abgehängten Kanten gefahren (ca. 0,5 bis 1,0 Grad). Dies bedeutet, dass die belagseitige Kante einen bestimmten Winkel erhält. Je stärker die Ski tailliert sind und der Fahrer mit großem Aufkantwinkel fährt, desto weniger stark sind die Kanten abgehangen.

Je nach Körpergröße muss sich das Knie pro Grad Abhängung, um 0,5 bis 1,0 cm seitlich bewegen, ehe die Kante im Schnee greift.

Durch das Abhängen der Kanten ergeben sich folgende Vorteile:
- Die Ski schneiden besser in die Kurve
- Die Ski lassen sich leichter drehen und sind besser kontrollierbar
- Das Risiko des Verschneidens und der daraus resultierenden Sturzgefahr minimiert sich wesentlich – insbesondere bei flach gestellten Ski (z. B. bei der Schussfahrt)

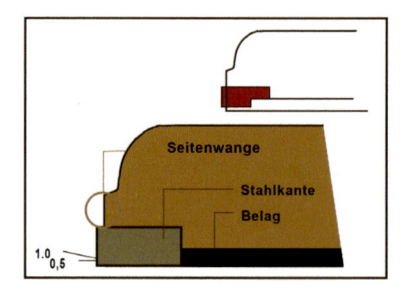

1.1b) Seitenkantenwinkel:

Im Freizeitsportbereich sind die Seitenkanten zwischen 3,0 und 1,0 Grad hinterschliffen. Daraus resultiert ein Kantenwinkel von 87 bis 89 Grad. Je stärker die Kanten hinterschliffen werden, desto sportlicher und aggressiver werden die Ski – insbesondere auf eisigem Untergrund.

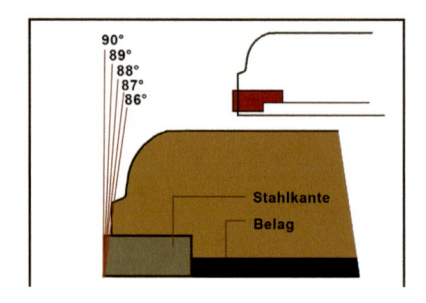

1.2) Struktur des Belags:

Damit die Ski gut gleiten, weist der Belag eine Struktur auf. Ein glatter Belag gleitet nicht auf Schnee. Strukturform und -tiefe hängt entscheidend von verschiedenen Faktoren ab, wie z. B. der Schneekonsistenz und -körnung, der Temperatur und der Feuchtigkeit. Je kälter die Schneetemperatur ist, desto feiner sollte die Belagsstruktur sein.

2.) Grundlagen der Skipräparation:

- Der Skiservice läuft in folgender Reihenfolge ab:
  Belag, Kanten, Wachsen

Die nachfolgenden Arbeiten sollten unbedingt mit Schutzhandschuhen erfolgen.

2.1) Belag:

Mit Hilfe von Stoppergummis werden die Skibremsen fixiert, anschließend werden die Ski im Skispanner fixiert.

Nach der Belagsreinigung werden Beschädigungen am Belag mit Hilfe von Reparaturstiften oder der Gasflamme repariert. Diese Reparaturmaßnahme ist bei Beschädigungen in Kantennähe besonders wichtig, um das Herausbrechen der Skikanten zu vermeiden.

Nach dem Abkühlen wird die Lauffläche abgezogen und plan gefeilt. Bei größeren Beschädigungen ist ein anschließender Maschinenschliff mit der Steinschleifmaschine unumgänglich, damit der Ski eine gleichmäßige Struktur erhält.

2.2) Kante belagseitig:

Bei Steinberührungen kommt es zu Beschädigungen und Verformung der Kanten. Durch die Kaltverformung des Stahls sind die Kanten in dem Bereich besonders hart. Diese Verhärtungen müssen zunächst mit einem Alu-Oxyd-Stein oder grobem Diamant auspoilert werden, damit sie anschileßend mit der Feile bearbeitet werden können.

Arbeiten mit Diamanten und Steinen erfolgen immer im nassen Zustand mit Wasser.

Rostige Kanten werden zunächst mit dem Poilergummi bearbeitet.

Mit speziellen Feilenführungen zum Abhängen der belagseitigen Kanten wird der belagseitige Kantenwinkel von 0,5 bis 1.0 Grad erzeugt.

Metallspäne müssen vom Belag entfernt werden – ebenfalls muss die Bindung vor Verschmutzung geschützt werden.

2.3) Seitenkante:

Bei neuen Ski muss zunächst die Seitenwange oberhalb der Stahlkante abgezogen werden, damit sich die Feile nicht mit dem Seitenwangenmaterial zusetzt.

Anschließend wird der Grad an der Kante mit einem Alux-Oxyd-Stein und/ oder grobem Diamant entfernt. Mit dem richtigen Seitenkantenwinkel (87 bis 89 Grad) wird die Kante bezüglich des gewählten Winkels eingeschliffen. Man beginnt mit einer groben Bastard Feile. Anschließend wird die Wahl der Feilen und Diamanten immer feiner, um der Seitenkante ein glattes Finish zu geben.

Polierte Kanten sind schneller, schärfer, härter und bleiben länger scharf.

Der bei diesem Arbeitsgang entstandene belagseitige Grat wird mit dem Schleifgummi oder feinem Diamant entfernt.

2.4) Wachsen:

Vor dem Wachsen muss der Belag mit einem sauberen Tuch oder Reinigungsvlies gereinigt werden.

Trockene, oxydierte Beläge gleiten und drehen schlecht. Daher ist die Belagspflege mit Wachs unumgänglich.

Neben dem klassischen Heißwachsen gibt es flüssig Wachse, Spray Wachse und Blockwachse, welche mit Hilfe von Rotorbürsten eingepflegt werden.

Das Heißwachsen hat sich aufgrund der Eindringtiefe in den Belag besonders bewährt. Der Fahrspaß bleibt somit lange erhalten.

Dazu wird das Wachs mittels Bügeleisen auf den Belag aufgetragen.

Achtung: Das Bügeleisen muss immer in Laufrichtung in Bewegung sein, um Belagsverbrennungen zu vermeiden.

Neben Allroundwachsen gibt es temperaturspezifische Wachse auf dem Markt. Gute Allroundwachse reichen für den sportlichen Freizeitgebrauch völlig aus.

Nachdem das Wachs auf dem Belag ausgekühlt ist, wird es mit Hilfe einer Plexiklinge abgezogen und anschließend ausgebürstet, damit die Struktur freigelegt wird.

Werden die Ski über den Sommer eingelagert, so können diese zuvor gewachst werden, ohne es anschließend abzuziehen. Der Belag ist somit bis zum nächsten Skifahren gut geschützt.

© by alpenstille

LITERATUR

Bönsch, Prof. Dr. Manfred, Persönlichkeitsbildung in Schule und Unterricht, Artikel in Wirtschaft & Erziehung 6/2015, VLW – Bundesverband der Lehrerinnen und Lehrer an Wirtschaftsschulen e. V., Wolfenbüttel, Heckner Verlag, 2015

Bräuer, Reinhard, Unterrichten zwischen Beliebigkeit und starren Muster, Artikel SPORTS Ski-Manual 2017/2018, Marl, SPORTS, 2017

Deutscher Skilehrerverband, Skifahren einfach – DSLV Lehrplan, Wolfratshausen, BLV Buchverlag, 2012

Deutscher Skilehrerverband, Methodik: Kinder – Besser Unterrichten, Wolfratshausen, 2016

Deutscher Skilehrerverband, Methodik: Lernebene grün + blau + rot, Besser Unterrichten, Wolfratshausen, 2015

Deutscher Skiverband, Ski Alpin – offizieller DSV-Lehrplan, Stuttgart, Verlag Pietsch, 2016

Deutscher Skiverband, Kinderskiunterricht Kindergartenalter – Unterrichten leicht gemacht, Planegg, 2015

Deutscher Skiverband, Kinderskiunterricht Grundschulalter – Unterrichten leicht gemacht, Planegg, 2015

Deutscher Skiverband, Kinderskiunterricht Schulkinderalter – Unterrichten leicht gemacht, Planegg, 2015

Eimert, Lisa / Hirt, Egon / Kober, Ecki, Deutscher Skilehrerverband, Schneesport mit Kindern – Lernen in Situationen, Wolfratshausen, 2008

Hubert Fehr, Dr. Walter Kuchler, Heiß auf Weiß – Die Skischule mit dem SkiMagazin, SPORTS Schriftenreihe Band 21, Düsseldorf, Skimedia Wulff, 2008

Feldhaus, Bernd, Skifahren mit Schülerinnen und Schülern – Informations- und Arbeitsmaterialien sowie Praxishilfen für Schulskifahrten, Halver, Klühspies, 2012

Grüneklee, Alfred / Heckers, Herbert, Skifahren und Snowboarden heute, SPORTS Schriftenreihe zum Wintersport Band 19, Düsseldorf, Skimedia, 2005

Hirtz, Peter / Hotz, Arturo / Ludwig, Gudrun, Bewegungsgefühl – Bewegungskompetenzen, Schorndorf, Verlag Hofmann, 2003

Joubert, Georges, Ski-Handbuch, Grenoble, Limpert, 1978

Kuchler, Walter, Ski alpin: Vom Gängelband zur Selbsterfahrung. In: Sportunterricht. Hrsg. von Wolf-D. Brettschneider. München 1981, Seite 159 – 181

Kuchler, Walter, Carving – neuer Spass am Skifahren, Hamburg, Rowohlt, 1997

Kuchler, Walter, Innen ist In! Artikel in SPORTS Ski-Manual 2007/2008, Marl, Bernhard Kuchler Skimedia, SPORTS, 2007

Kuchler, Walter, Skilexikon – Stichworte und Themen der alpinen Fahrtechnik, Schriftenreihe SPORTS Band 27, Dortmund, Verlag Skimedia Wulff, 2017

Kuchler, Walter, Ski-Tricks – Spass mit Schwüngen und Sprüngen, Reinbek, Rowohlt, 1991

Kuchler, Walter, Skizirkus – 125 ungewöhnliche Schwünge und Sprünge, Band 2, Böblingen, CD-

Maver, Milan, Wie der Carvingski die Welt veränderte, Werne, Verlagsagentur CAPsys, 2000, Verlagsgesellschaft, 1985

Strüber, Nicole, Die erste Bindung - Wie Eltern die Entwicklung des Gehirns prägen, Stuttgart, Klett-Cotta, 2016

Swiss Snowsports, Ideen für den Kinderskiunterricht, Luzern, 2006

Swiss Snowsports, Schneesport Schweiz, Kinderunterricht, Band 8, Luzern, 2012

Swiss Snowsports, Vom Swiss Snow Kids Village zur Swiss Snow League, Lernlehrmittel für den Kinder-Schneesportunterricht, Luzern, 2002

ZUM VERFASSER

Für Reinhard Bräuer gab es als Skilehrer die ersten maßgeblichen Erfahrungen beim Hochschulsport Essen (1979 – 1985). Prägend und inspirierend war die Zeit im Sportstudium an der Universität Dortmund, als Sportstudent und später als Ausbilder im Schwerpunktfach Skifahren. Es war die Zeit des Aufbruchs, die Loslösung von alten methodischen Denkweisen. Konkret wurde in diesen Jahren Spielschwünge, vergleiche das Buch von Dr. Walter Kuchler „Skizirkus", erfunden und ausprobiert sowie als Kunstform anerkannt. Zur gleichen Zeit gab es Anregungen in der Ausbildungsphase beim WSV.

Das Skilaufen wurde anschließend für über 15 Jahre zum Hauptberuf, als Geschäftsführer und Inhaber des Winterspezialisten traveller – Sportreisen. Parallel kam es zur Gründung vom Skiverein SPORTS, in der er als Gründungsmitglied und erster Geschäftsführer wirkte. In den folgenden Jahren formt er als Ausbilder nunmehr seit über 10 Jahren die „Nachwuchsabteilung" bei SPORTS mit dem Anliegen, junge Sportlerinnen und Sportler zum „Kinder- und Jugendskilehrer" auszubilden. In dieser Zeit veröffentlichte er zahlreiche Fachbeiträge für das Ski – Manual. Er arbeitet als Lehrer an einem Berufskolleg in Essen.

IHRE KONTAKTDATEN

Reinhard Bräuer

Förderkreis SPORTSnachwuchs

Gehrberg 66, 45138 Essen

Tel: +49 201 2667006

SPORTS Vereinigung für Wintersport e. V.

Geschäftsstelle: Bernd Hillenkötter, Wallstraße 36, 45770 Marl

Druck und Verlag: Ski Media in Wulff GmbH

Lütgendortmunder Straße 153, 44388 Dortmund

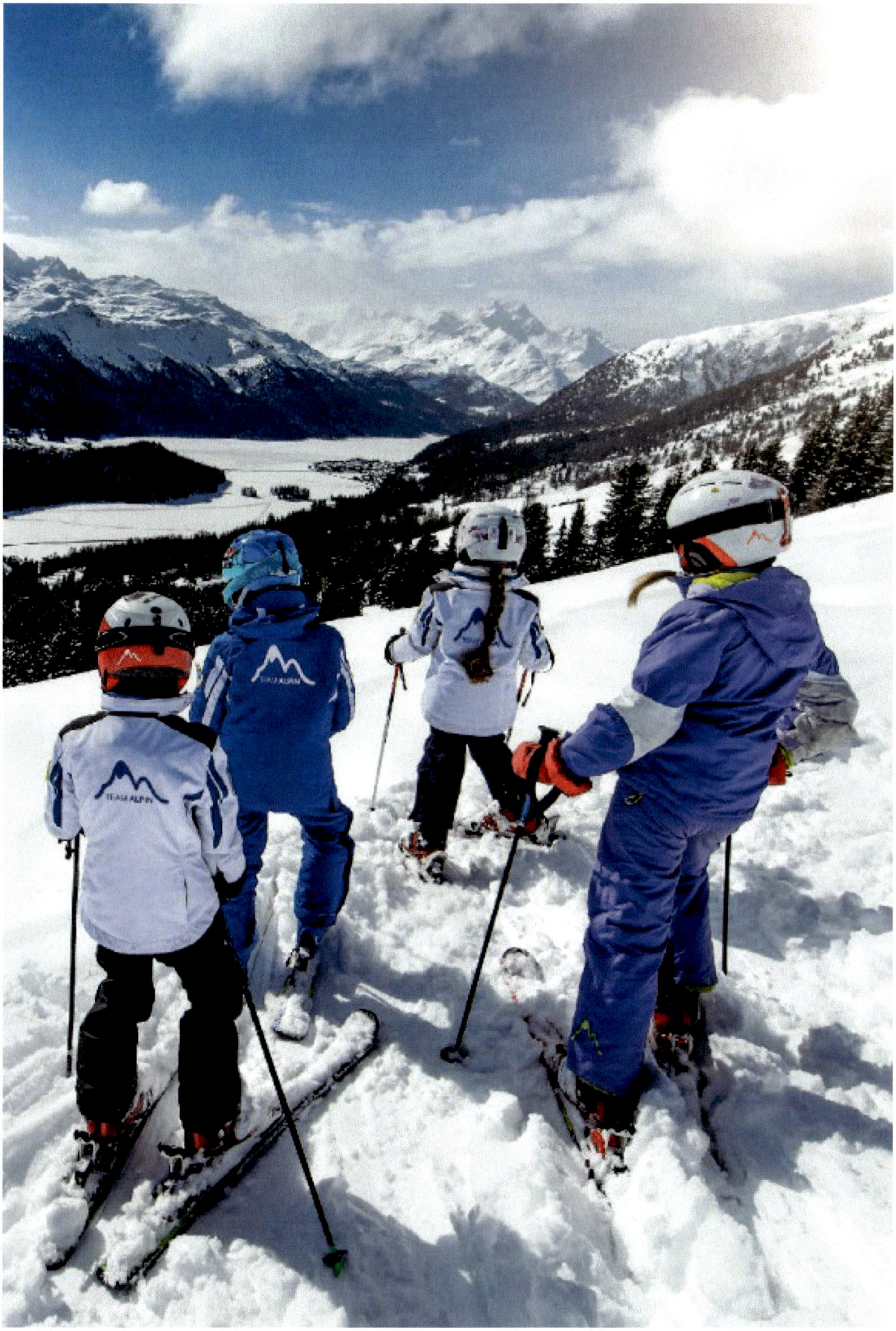

„Herzsport"

Herz- oder Koronarsport ist eine von Fachmedizinern, Therapeuten und Krankenkassen empfohlene Bewegungstherapie, die viel zu selten von Menschen mit einer kardialen Erkrankung in Anspruch genommen wird. Christoph Raschka vermittelt das Basiswissen über den Herzsport und damit die notwendige Sicherheit zum souveränen und kompetenten Umgang mit Koronarpatienten. Im Praxisteil stellt Marie Louise Vogel eine Vielzahl von bewährten Übungsbeispielen für eine erfolgreiche Durchführung von Herzsportstunden vor. Das Buch richtet sich primär an Übungsleiter von Koronarsportgruppen, Sport- und Trainingswissenschaftler, Sportlehrer, Sporttherapeuten, Physiotherapeuten sowie Studierende der Sportwissenschaften, Physiotherapie, Pflegewissenschaften und Medizin, aber auch an interessierte Herzsportteilnehmer und ihre betreuenden Ärzte.

Die Autoren
PD Dr. Dr. Dr. Christoph Raschka ist Internist und Facharzt für Allgemein- und Sportmedizin mit eigener Praxis und außerdem Dozent für Sportmedizin am Institut für Sportwissenschaften der Universität Frankfurt/M.

Marie Louise Vogel ist Diplom-Sportwissenschaftlerin und hat jahrelange Erfahrung in der ambulanten und stationären Betreuung von Koronarsportgruppen

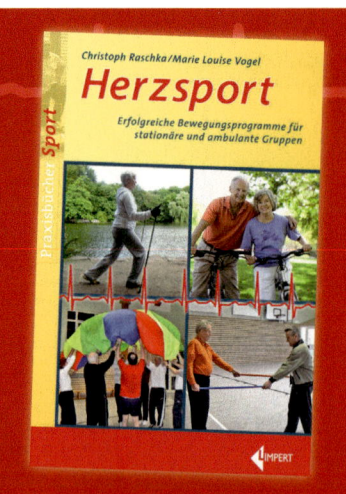

Raschka/Vogel
Herzsport
Erfolgreiches Bewegungsprogramm
für stationäre und ambulante Gruppen
1. Aufl. 2010, 148 S., 169 farbige Fotos,
57 Zeichn., 16 Tab., kt.,
ISBN 978-3-7853-1789-1
Best.-Nr. 343-01789   € 6,95

INTERSPORT®
SPORTHAUS WERNE

Sporthaus Werne GmbH
Konrad-Adenauer-Straße 2 • 59368 Werne
Telefon: 02389-8061
sporthaus.werne@intersport.de • www.sporthaus-werne.de

Martin Gößl ist der Wirtschaftsreferent von SPORTS. Über ihn erfolgt die Bestellung und Zustellung der „Jahresski" für SPORTS-Mitglieder.

Bücher von Walter Kuchler

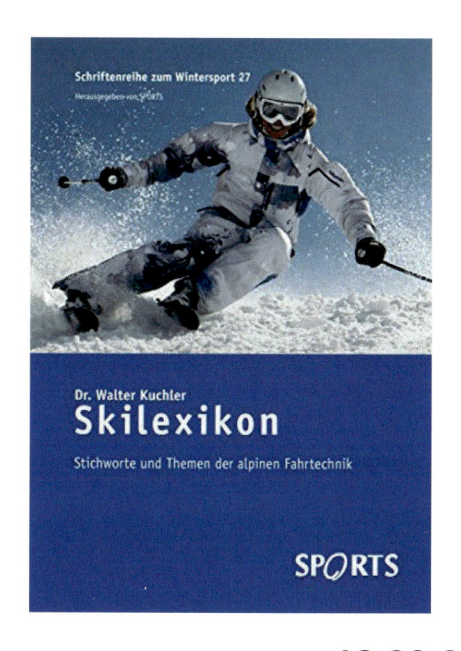

12,90  €   19,90 €

19,90  €   19,90 €

Druck und Verlag: Ski Media in Wulff GmbH
Lütgendortmunder Str. 153 · Telefon 0231 6990300 · e-mail info@druckerei-wulff.de

Sicherheit für Ihr
Dach im Winter

SF CONTROL

SNOW *protect*

DAS Schneelastwarnsystem, Ihre Vorteile auf einen Blick:

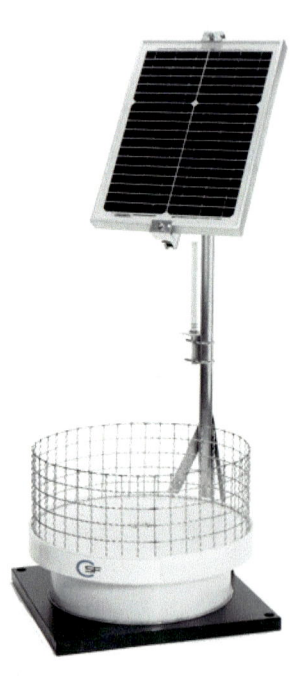

- Einfache, schnelle Montage
- Kein Eingriff in die Dachkonstruktion
- Energieautark durch Solarpanel und integriertem Akku für mindestens 160 Std. Laufzeit
- Kompakte Bauweise 50 x 50 x 100 (b l h in cm) bei etwa 20kg
- Exakte Messung in Kg/m²
- Individuell einstellbare Warn- und Alarmgrenzen
- Benachrichtigung im Warn- und Alarmfall per E-Mail und SMS
- Rund um die Uhr Überwachung per Internet Datenmonitoring
- Automatische Fehlerüberwachung des Systems
- Erweiterbares System: Windmesser, Stauwassermelder, Niederschlagssensor, Signalhorn, Webcam, optischer Alarm, vollautomatisches Dachabtausystem

Die **SNOW** *protect* Schneewaage ist flexibel einsetzbar, komplett energieautark, preisgünstig, wartungsfrei und ausfallsicher.

Gerne beraten wir Sie zu Ihrer Sicherheit auf Ihrem Dach.
WIR KENNEN DEN SCHNEE!

Hergestellt in Bayern

SF-Control GmbH • Leißstraße 6 • 83620 Feldkirchen-Westerham
www.schneewaagen.com • +49 8063 2071910 • info@sf-control.com

Sicherheit für Ihr
Dach im Winter

SF CONTROL

SNOW *protect*

Für eine exakte Abbildung der Schneeverhältnisse und des Gewichtes auf einem Dach wurden von uns u.a. schon folgende Faktoren berücksichtigt:

- gleichmäßige Verteilung im Wägebehälter
- Einbeziehung der Abwärme von Dächern
- Windfluss und Windwiderstand
- Einbeziehung der Dach-Abwärme
- Einbeziehung von Schneeverwehungen
- Schutz vor Festfrieren der Messanlage
- Standfestigkeit des Wägebehältnisses auch bei starkem Sturm

All das, und die jahrelange Entwicklungszeit, ist in die Konstruktion der SNOW*protect* Schneewaage miteingeflossen und sorgen nun durch die Fernüberwachung für entspannte, schneereiche Winterabende bei unseren Kunden.

Mit dem Einsatz einer SNOW*protect* Schneewaage treffen Sie folgende Entscheidungen:

- Vorlaufzeit ausbauen um Maßnahmen zu treffen
- Keine unnötige Gefahr für Mitarbeiter und Gebäude
- Vorbeugung von Gebäudesperrungen
- Keine unnötigen teuren Dachräumungen
- Reduzierung von Gebäudebeschädigungen
- Einsparungen bei der Gebäudeversicherung möglich

Gerne beraten wir Sie zu Ihrer Sicherheit auf Ihrem Dach.
WIR KENNEN DEN SCHNEE!

Ebenfalls bieten wir Ihnen gerne auch unsere „vollautomatische Dachabtauanlage" an!

Hergestellt in Bayern

SF-Control GmbH • Leißstraße 6 • 83620 Feldkirchen-Westerham
www.schneewaagen.com • +49 8063 2071910 • info@sf-control.com

Angekommen.
Zufriedenheit. Geborgenheit. Wärme.

★★★★
KLAUSNERHOF
berührt die Sinne

Lebensfreude pur.

Die besten Zutaten um sich „Dahoam" zu fühlen.

Ankommen und einatmen – die Höhenluft beflügelt von Beginn an.
Ankommen und durchatmen – Altes hinter sich lassen, Neues zulassen.

Unsere Familie begleitet Sie auf eine Reise für alle Sinne. Geben Sie sich den Genüssen hin. Seien sie kulinarischer Art, sportlicher Herkunft oder einfach der Genuss, innehalten zu können.

Arthur Schnitzler
Am Ende gilt doch nur, was wir getan und gelebt – und nicht was wir ersehnt haben.

Familie Klausner . 6294 Hintertux 770 . Tel.: 0043 5287 8588 . Fax: 0043 5287 8588-88 . info@klausnerhof.at . **www.klausnerhof.at**